Talleyrand

Tirage à petit nombre dont :

10 Exemplaires imp. sur papier de Chine. Nos 1 à 10

50 Exemplaires imp. sur papier du Japon. Nos 11 à 60

A. MARCADE

Talleyrand

PRÊTRE ET ÉVÊQUE

PARIS

ÉD. ROUVEYRE ET G. BLOND

Imprimeurs-Éditeurs

98 RUE DE RICHELIEU 98

1883

Aux termes du testament qui nous en a confié le dépôt, les Mémoires du prince de Talleyrand ne peuvent être publiés que dans vingt ans. Le manuscrit est scellé et en sûreté; il n'en existe pas de copie.

CHATELAIN, *notaire honoraire.*
PAUL ANDRAL.

Paris, le 24 mai 1868.

I

JEUNESSE DE TALLEYRAND

(1754-1780)

Ainsi, nous avons six années à patienter pour lire enfin ces fameux Mémoires dont l'apparition coïncidera presque avec le centenaire de 1789.

« Les rares privilégiés qui en ont entendu quelques parties, dit Sainte-Beuve, ont paru surtout enchantés et ravis d'un récit de première communion (la première communion de M. de Talleyrand!) et de ses premières amours de séminaire : ce sont là en France de charmantes amorces et qui prennent tout lecteur par son faible. Ce maître accompli en l'art de séduire et de plaire aura certes bien su ce qu'il faisait en triomphant de sa paresse pour écrire. »

Des hommes qui passent pour bien renseignés, disent qu'ils contiennent deux parties saillantes : des souvenirs d'enfance et de jeunesse assez développés et, à la fin, la correspondance échangée avec Mme Adélaïde, sœur du roi Louis-Philippe, à laquelle l'unissait une longue amitié.

Les documents certains font presque complètement défaut, ou sont contradictoires sur les commencements de cette existence si éclairée plus tard. On est obligé d'accepter des récits que Talleyrand aurait faits lui-même, à divers personnages, mais il n'y a rien de précis. Les dates surtout manquent.

On ne se trouve un peu à l'aise, pour sa biographie, qu'à partir de 1780, lorsqu'il est nommé, à vingt-six ans, agent général du clergé. Sa vie publique commence à ce moment.

Jusqu'à l'âge de trente-sept ans, il appartient à l'Église. C'est la période bien peu connue de sa vie de prêtre et d'évêque que je voudrais retracer, après avoir dit un mot de son enfance et de sa jeunesse.

Charles-Maurice de Talleyrand-Périgord naquit en 1754. Le jour de sa naissance est loin d'être aussi précis que la date de l'année : le 13 février, selon M. Mignet, suivi par la *Biographie générale* de Didot ; le 2 février, d'après sir Henry Lytton Bulwer et Sainte-Beuve. Le biographe anglais soumet encore d'autres probabilités : le mois de septembre ou de mars. Ces incertitudes sur le jour de sa naissance, on les retrouve sur les causes de son infirmité.

La maison de Périgord est une des plus anciennes de la monarchie. Elle figure dans l'histoire, dès le dixième siècle. Napoléon ne savait sans doute pas faire acte d'érudit, ni se conformer à la rigueur historique, en prononçant *Taillerand*, comme il le faisait. Ce dut être, dans le principe, un surnom donné à l'un des Francs, conquérants de la Gaule, « Taille-rangs ». Le nom de Taillefer qui s'est perpétué dans la même province semble avoir avec lui une commune origine.

Taillefer qui moult bien cantout
Sur son cheval qui tost alout.

. . . .

. . . .

Di Karlemaine et di Roland
Et d'Ollivier et des vassals
Qui moururent à Ranchevals.

Au commencement du douzième siècle (1118), Hélie V était comte-souverain de Périgord. Ses descendants possédèrent la principauté de Chalais. A cette famille appartenait Henri, comte de Chalais, décapité à vingt-sept ans (19 août 1626) par ordre du cardinal de Richelieu. La célèbre princesse des Ursins, la rivale, dans la politique du dix-septième siècle, de Mme de Maintenon, avait été mariée en premières noces à Adrien-Blaise de Talleyrand, prince de Chalais, mort à Venise en 1670, sorti de France, à la suite d'un duel.

La devise des Talleyrand était superbe : *Re que Diou,* ce qui signifie dans l'idiome périgourdin « Rien que Dieu » *au-dessus de nous.*

D'Hélie V descendirent deux branches ; la plus jeune était représentée, à la fin du dix-huitième siècle, par trois frères :

Gabriel-Marie de Talleyrand, comte de Périgord, commandant général du Languedoc, grand d'Espagne;

Charles-Daniel, père du diplomate, et *Alexandre-Angélique* de Talleyrand-Périgord, archevêque-duc de Reims, premier pair de France, légat-né du Saint-Siège, primat de la Gaule-Belgique, mort archevêque de Paris en 1821, prédécesseur de M. de Quélen.

Charles-Daniel, comte de Talleyrand, fit toutes les campagnes de la guerre de Sept-Ans et prit rang dans la promotion des lieutenants généraux du 1er janvier 1784. C'était un homme d'honneur; voilà tout ce qu'on en sait. Sa fortune, ainsi que celle de sa femme, Éléonore de Damas, était médiocre.

Dans l'*Almanach royal* de 1754, parmi les douze dames du palais (maison de la Reine), on trouve les noms d'une marquise de Talleyrand et d'une comtesse de Périgord. Cette dernière est-elle la mère de Charles-Maurice? Ses biographes disent, sans préciser, qu'elle avait une charge à la cour.

Charles-Maurice, leur premier fils, fut emporté par une mercenaire, hors de la maison paternelle, aussitôt sa naissance. Ici, on se trouve en face des diverses versions qui ont été émises sur les causes de sa claudication.

« Il fut abandonné dans un des faubourgs de Paris, dit M. Mignet, à la négligence d'une nourrice. Une chute qu'il fit à l'âge d'un an, le rendit infirme pour toujours, et donna un autre cours à sa vie. »

Sainte-Beuve croit qu'il était pied bot, et qu'il y avait toujours eu un pied bot dans la famille.

M. le baron de Wissemberg, collègue de Talleyrand au congrès de Vienne, disait tenir l'anecdote suivante du prince lui-même.

Un jour que la nourrice l'avait assis à terre, près d'une haie, pour se promener en liberté avec un galant, il fut attaqué par un troupeau de porcs qui mettaient déjà une de ses jambes à mal, lorsqu'elle accourut à ses cris et le délivra.

Comme on marche à tâtons, et comme les Mémoires seraient bienvenus pour faire la lumière sur ces premières pages d'une biographie si attirante!

Les contradictions vont continuer :

« A douze ou treize ans, dit sir Henry Bulwer, on le ramena à Paris. »

Et l'*Essayiste* anglais paraît s'être renseigné de tous côtés; il n'a oublié dans ses recherches que la lecture des *Mémoires* de Mme de Genlis.

M. Amédée Pichot, dans ses *Souvenirs intimes* sur Talleyrand, raconte ainsi le retour de l'enfant à Paris. C'est encore le vieux diplomate qui en aurait fait le récit, pendant un de ses séjours à Londres.

« Soit que la claudication de M. de Talleyrand fût le résultat d'un accident, soit qu'il naquît avec un pied bot, sa mère ne pouvait s'habituer à la vue de cet enfant boiteux.

« Il était sevré depuis trois ou quatre ans qu'on le laissait chez sa nourrice.

« A la suite d'un long voyage, le bailli de Périgord qui servait dans la marine, curieux de faire connaissance avec son neveu, fut obligé d'aller au village où il était presque oublié. Il l'y trouva au milieu d'un champ couvert de neige, qui faisait la chasse aux alouettes, avec son frère de lait, aussi déguenillés l'un que l'autre.

« Le marin indigné s'empara du petit Maurice, l'emmena avec lui sans lui faire faire aucune toilette et l'introduisit ainsi, au milieu du salon où madame sa mère recevait des visites de cérémonie : « Ma sœur, voici le descendant en ligne directe des princes de Chalais.... Allons, monseigneur mon neveu, embrassez cette belle dame. C'est votre mère. »

Ce petit roman bien arrangé, où se trouve une pointe de déclamation à la Diderot, les Anglais le lisent à l'article TALLEYRAND, dans la 2e édition de l'*Encyclopédie britannique*.

A huit années d'intervalle, le comte Charles-Daniel eut un second fils, Archambault-Joseph (1er septembre 1762). A quelle époque eut lieu le conseil de famille où il fut décidé que le cadet serait considéré comme l'aîné et que l'aîné, déclaré cadet, entrerait dans les ordres ? Sur ce point, même incertitude.

Charles-Maurice avait probablement une dizaine d'années quand on disposa ainsi de son existence. Il était alors en âge de ressentir profondément la dureté du sort à son endroit.

« Je lui ai ouï dire plusieurs fois, dit Dumont, de Genève, que, méprisé de ses parents comme un être disgracié qui n'était bon à rien, il avait pris dans son enfance, une humeur taciturne et sombre. On le fit renoncer à son droit de primogéniture en faveur de son second frère. »

Le comte Archambault que Louis XVIII créa plus tard duc de Périgord, et qui, par une étrange coïncidence, mourut quelques jours seulement avant son frère (28 avril — 17 mai 1838), fut un des seigneurs les plus brillants de la cour de Louis XVI.

Éléonore de Damas, leur mère, était d'une beauté remarquable, et ses deux fils avaient hérité d'elle les charmes du visage.

Le nom du comte Archambault est mêlé à une anecdote que raconte la baronne d'Oberkirch, dans ses *Mémoires* :

« 10 février 1786. — Il y avait le soir un cercle chez Mme de La Vallière : Mme la duchesse de Bourbon vint me prendre après le spectacle pour m'y conduire. Nous y trouvâmes un monde énorme en hommes et en femmes. On n'y parlait que d'une aventure de la duchesse de.... qui faisait scandale à la cour. Cette dame avait chez elle, à Versailles, M. Archambault de Talleyrand-Périgord, lorsque l'arrivée inopinée de son mari la força à faire descendre son amant par la fenêtre. On le vit, on l'arrêta, mais on le reconnut et on le mit en liberté. L'histoire a fait du bruit; elle a couru le monde; le roi l'a apprise et a dit sévèrement à la jolie duchesse :

« — Madame, vous serez donc comme madame votre mère. »

« Le duc a été instruit, après les autres, bien entendu, et s'est plaint à sa belle-mère. Celle-ci lui a répondu avec le plus grand sang-froid : « — Eh! monsieur, vous faites bien du bruit pour peu de chose; votre père était de bien meilleure compagnie. »

« M. de Talleyrand était ce soir-là chez Mme de La Vallière. Il s'est apparemment blessé en tombant, car il boitait, malgré ses efforts très visibles pour s'en empêcher. »

L'anecdote est piquante. Qu'eût dit l'abbé

de Périgord s'il eût vu, ce soir-là, son frère boitant comme lui?

En 1764, naquit un troisième fils, le comte Boson-Jacques, complètement éclipsé par la renommée et la fortune de ses deux frères. En 1814, il était maréchal de camp et gouverneur du château de Saint-Germain-en-Laye.

Le comte Boson fut un des nombreux gentilshommes qui allèrent mettre leur épée au service des États-Unis. Mais je ne crois pas qu'il fit partie de la première expédition. Le comte Louis de Ségur en dit un mot, en passant, dans ses *Mémoires*.

Talleyrand racontait qu'il n'avait jamais couché sous le même toit que ses parents. Des mains mercenaires auxquelles il avait été confié, il passa sans intervalle au collège d'Harcourt, rue de la Harpe. Sur l'emplacement de l'antique collège du treizième siècle, démoli vers la fin du premier Empire, s'élève aujourd'hui le lycée Saint-Louis. Vers 1765, époque probable de son entrée au collège, le proviseur et principal était un M. Louvel. Talleyrand en devint bientôt un des élèves les plus distingués et y remporta les premiers prix. Ses études classiques terminées, il entra au séminaire de Saint-Sulpice, qui avait alors pour supérieur M. Couturier.

Le séminaire qu'on voit aujourd'hui, ne date que d'une soixantaine d'années. L'ancien, construit vers le milieu du dix-septième siècle, avait sa façade parallèle au portail de l'église, et si proche qu'elle en masquait la vue. Les jardins s'étendaient jusqu'à la rue du Vieux-Colombier. La chapelle était ornée de tableaux de Lebrun. Tout cela disparut en 1802, pour l'agrandissement de la place et des rues qui y aboutissent.

La règle que M. Olier, fondateur de la congrégation de Saint-Sulpice, établit pour les séminaires, a été rigoureusement suivie depuis lors, et ceux qui la connaissent peuvent comprendre à quelle dure contrainte étaient soumis pendant trois et quatre années les jeunes nobles sans aucune vocation, tels que les Rohan, les Jarente, les Grimaldi, les Périgord. Il fallut bien qu'il prît part, avec la communauté, à de longs exercices de piété, tels que l'oraison du matin, pendant une heure, à genoux. L'étude de la théologie, dont on devait trou ver, à la fin de sa carrière, l'éloge piquant et inattendu dans sa bouche, lui parut sans doute bien souvent aride et fastidieuse. Il trouvait la lecture de Fontenelle autrement divertissante.

Aussi disait-il à Dumont, de Genève, qu'au séminaire il vivait dans une très petite société. Son chagrin habituel qui le rendait peu sociable, lui avait donné une réputation de hauteur. M. Mignet, qui l'a aussi beaucoup entendu « se raconter », a écrit sur cette curieuse période de sa vie :

« Livré à lui-même pendant son enfance et sa jeunesse, il se forma seul. Il réfléchit de bonne heure et apprit à concentrer des sentiments qu'il ne pouvait pas exprimer et répandre. M. de Talleyrand était né avec des qualités rares. L'éducation qu'il reçut à Saint-Sulpice et à la Sorbonne en ajouta d'autres à celles qu'il tenait de la nature et dont quelques-unes prirent même une autre direction. Il était intelligent, il devint instruit; il était hardi, il devint réservé; il était ardent, il devint contenu; il était fort, il devint adroit. L'ambition qu'il aurait eue partout, et qui, inséparable de ses grandes facultés, n'était en quelque sorte que leur exercice, emprunta aux habitudes de l'église sa lenteur et ses moyens. »

Le hasard, qui gouverne souvent les choses humaines, aurait dû faire rencontrer à Saint-Sulpice les deux hommes qui pesèrent d'un si grand poids sur les destinées de la France. Mais l'abbé Sieyès en était sorti quatre ou cinq années auparavant, « en proie à une sorte de mélancolie sauvage, contractée dans une position si contraire à ses goûts naturels ». Il s'est lui-même dépeint ainsi. Sieyès eût désiré servir dans les armes savantes : l'artillerie ou le génie.

*
* *

Les amours de séminaire! — Dans les *Souvenirs intimes* de M. A. Pichot, on lit le récit qu'aurait écrit le prince de Talleyrand lui-même d'une galante aventure de jeunesse avec la fille d'un rôtisseur de la rue du Vieux-Colombier. Julienne Picot avait quatorze ans; le jeune Talleyrand, seize. On précise la date : — 1770. Julienne Picot s'introduisit donc un jour à l'infirmerie du séminaire, où se trouvait son jeune amant, déguisée en marmiton, et fut cachée par lui dans sa chambre.

En 1826, le prince se rendant dans son carrosse à la Chambre des Pairs « voit un tilleul encore vert dans le jardin de Saint-Sulpice, qu'il ne peut jamais apercevoir sans quelque frémissement mêlé de plaisir. » C'est ce tilleul qui lui rappelle l'aventure de ses seize ans. Or le séminaire de Saint-Sulpice de 1770, on l'a vu plus haut, avait été démoli en 1802, et sur l'emplacement de son jardin couraient des rues ou s'élevaient des maisons. Il aurait été difficile au prince de Talleyrand de revoir le « tilleul encore vert ».

Serait-ce une des anecdotes dont parle Sainte-Beuve, consignées dans les Mémoires, et qu'on aurait entendu lire par le prince lui-même?

Celle qu'on lit dans les *Souvenirs* de

M. Pichot ressemblerait assez à une mystication.

Les véritables témoins de sa vie paraissent tenir beaucoup à prémunir le public contre les récits des anecdotiers. M. Mignet, qui est avec le duc de Noailles, de l'Académie française, le dernier survivant de cette génération, conseille à ceux qui sont tentés d'écrire sur Talleyrand de s'armer de défiance à l'endroit des inventions des biographes. Dumont, de Genève, fait de même et le peint ainsi, en 1792, lorsqu'il a définitivement rompu avec l'Église et reconquis sa liberté :

« Condamné à l'Église, il n'en prit pas plus le caractère que le cardinal de Retz et tant d'autres. Il avait même franchi l'espace que l'indulgence accorde à la naissance et à la jeunesse. Ses mœurs n'étaient rien moins que cléricales. Mais il savait observer les bienséances, et quelles que fussent ses habitudes, personne ne savait mieux ce qu'il fallait dire et ce qu'il fallait taire. »

Ainsi nous sommes bien avertis que Talleyrand est loin d'avoir pris pour ses Mémoires le ton de Jean-Jacques-Rousseau dans ses *Confessions*.

*
* *

Ses succès à Saint-Sulpice et en Sorbonne, dans ce qu'on nommait le *Cours de licence*, lui en faisaient prévoir d'autres sur un plus vaste théâtre. Les honneurs ne se faisaient pas longtemps attendre dans sa famille. Son oncle n'avait pas trente ans lorsque M. de la Roche-Aymon, archevêque, duc de Reims, le demanda pour coadjuteur. A trente-quatre ans, il présida l'assemblée générale du clergé de 1770.

Alexandre-Angélique de Talleyrand-Périgord fut un prélat vertueux et plein de mérites divers; il n'avait guère que dix-huit années de plus que son neveu. Celui-ci fut peut-être sa seule faiblesse, car il lui accorda sa première dignité ecclésiastique, le titre de vicaire général de son diocèse. Dissimula-t-il auprès de son oncle le dégoût de la profession qu'on lui avait imposée, dégoût qu'il ne cachait pas à Paris, pendant ses études en Sorbonne, où les vieux docteurs, tout en admirant la lucidité de son esprit, le désignaient comme « silencieux et viveur? » Le séduisit-il par sa grâce? S'il connut ses écarts, l'édifiant archevêque pensa-t-il que le temps calmerait toute cette fougue de jeunesse et crut-il que les sens étaient seuls pervertis? Sa conscience ne fut-elle pas aussi dominée par la solidarité du nom, si puissante dans les familles nobles? Malgré ses vertus qui le rendaient si digne du siège éminent qu'il occupait, il était lui-même la vivante démonstration de la règle qui faisait d'église les cadets des races historiques.

Mme de Genlis a laissé de l'oncle et du neveu, dans ses jeunes années, un aimable et précieux croquis :

« A Sillery, je trouvai nombreuse compagnie, M. de la Roche-Aymon, archevêque de Reims, prélat d'une figure imposante, homme vertueux, austère, et de beaucoup d'esprit; son coadjuteur, M. de Talleyrand, non pas celui qui a depuis été si célèbre;

celui-ci n'avait rien pour le devenir; la douceur, la piété, l'amour de la paix, ne font pas de bruit. Au reste, il était fort aimable dans la société, par une gaîté pleine d'innocence et de grâce. L'archevêque avait amené aussi le jeune abbé de Talleyrand, destiné de même à l'état ecclésiastique, et déjà en soutane, quoiqu'il n'eût que douze ou treize ans. Il boitait un peu, il était pâle et silencieux, mais je lui trouvai un visage très agréable et un air observateur qui me frappa. »

Les *Mémoires* de Mme de Genlis parurent en 1824, du vivant même du prince de Talleyrand. On se demande comment il s'est fait que ce passage si important ait échappé à ses nombreux biographes.

« Lorsqu'il eut achevé ses études théologiques, dit M. Mignet, il entra dans le monde sous le nom d'abbé de Périgord. Contrarié dans ses goûts, il y entra en mécontent, prêt à y agir en révolutionnaire. Il y obtint dès l'abord la réputation d'un homme avec lequel il fallait compter, et qui, ayant un beau nom, un grand calme infiniment d'esprit, quelque chose de gracieux qui captivait, de malicieux qui effrayait, beaucoup d'ardeur contenue par une prudence suffisante et conduite par une extrême adresse, devait nécessairement réussir. »

On raconte qu'un jour, dans le cercle peu collet monté de Mme Du Barry, de jeunes fous, Narbonne, Choiseul, Lauzun, lui contaient les scandales du jour, où ils laissaient deviner qu'ils avaient joué leur rôle. Seul, l'abbé de Périgord, très élégant sous son petit collet, avec une figure singulièrement attrayante, à cause de son expression tout à la fois douce, impudente et spirituelle, restait bouche close, ce qui fut remarqué par Mme Du Barry.

« Monsieur l'abbé, comme vous êtes silencieux!

— Hélas! madame, je faisais une réflexion bien triste.

— Laquelle?

— Ah! madame, c'est qu'à Paris il est plus facile d'avoir des femmes que des abbayes. »

La favorite amusa le vieux roi de ce mot, et Talleyrand reçut en échange l'abbaye de

Saint-Denis de Reims, dont le revenu était de 18,000 livres.

L'histoire est bien jolie, mais elle a un défaut. L'abbé de Périgord ne reçut son premier bénéfice qu'en 1775, et Louis XV était mort depuis un an.

Quoi qu'il en soit, le mot est le premier en date de tous ceux, vrais ou supposés, qu'on a mis pendant soixante-quatre ans dans la bouche de l'homme réputé le plus spirituel après Voltaire. C'est par lui qu'on a dû commencer le *Talleyrana*, si on en a fait un.

M. Mignet qui fut, avec M. Thiers, distingué de bonne heure par Talleyrand et admis avec son compatriote dans le cercle intime de l'hôtel de la rue Saint-Florentin, a écrit dans la belle notice qu'il lut à l'Académie des sciences morales et politiques, au lendemain de sa mort :

« Voltaire ayant quitté Ferney, pour revoir la France avant de mourir, l'abbé de Périgord lui fut présenté et le vit deux fois. Voltaire fut la première puissance devant laquelle il s'inclina. Il conserva de ces entrevues dans lesquelles l'esprit ne manquait certainement d'aucune part, des souvenirs ineffaçables. Il aimait à en parler jusque dans les derniers temps de sa vie, et la vivacité de son admiration pour Voltaire ne s'affaiblit jamais. On le conçoit d'autant plus qu'il y avait entre eux quelque chose d'analogue : M. de Talleyrand, par la grâce de son esprit, la simplicité de son bon sens et le naturel exquis de son langage, était de la famille même de Voltaire. »

La date de la présentation de l'abbé de Périgord au « Patriarche » est à noter. En 1778, il avait vingt-quatre ans. Ce dut être cette année-là même qu'il fut ordonné prêtre. Singulière préparation. Mais la suite de sa carrière ecclésiastique ne démentit pas d'aussi beaux débuts.

Ce que M. Mignet n'a pas écrit, mais qu'il raconte avec la meilleure grâce, aux curieux qui le questionnent sur le prince, c'est le ton de respect avec lequel il prononçait encore, à la fin de sa vie, « Monsieur de Voltaire, Monsieur de Montesquieu », tout comme en 1778.

Cette admiration lui fut commune avec

Sieyès. Devenu vieux et ne quittant plus son fauteuil — il était de nature paresseuse — Sieyès ne lisait qu'un seul ouvrage, une édition complète de Voltaire. Quand il l'avait finie il en recommençait la lecture. Sieyès ne mourut que deux ans avant son collègue à la Constituante (1836).

Talleyrand fit son oraison funèbre, d'un seul mot :

« Sieyès a été le rédacteur de la Révolution. »

II

L'ABBÉ DE PÉRIGORD

Agent général du clergé
(1780-1786)

A l'Exposition rétrospective des beaux-arts de 1874 qui eut lieu au Palais-Bourbon, en faveur des Alsaciens-Lorrains, le public s'arrêtait, curieux, devant un portrait de Talleyrand, jeune, par Greuze.

Ce n'est pas avec le petit collet d'abbé, mais en costume de mondain, habit bleu, gilet blanc et culotte chamois, que Greuze l'a représenté. De la haute cravate de batiste émerge une figure charmante, ombragée par d'abondants cheveux châtains, flottants dans une grâce négligée, partagés au sommet de la tête et dont les mèches retombent sur le front qu'elles couvrent en partie. Les yeux bleus, d'une belle eau, respirent, en même temps que la douceur, une assurance, un aplomb qui frisent l'impertinence. Le nez est droit, légèrement retroussé. Figure d'adolescent, un peu courte peut-être, au teint lacté, d'une délicatesse et d'une finesse extrêmes. Si ce n'était l'ombre de la barbe rasée qu'on aperçoit en l'examinant de plus près, on pourrait lui donner dix-huit ans ; il est probable qu'il en avait de vingt à vingt-deux quand il a posé devant Greuze. Les lèvres minces sont serrées comme si elles voulaient arrêter un mot prêt à prendre son vol.

L'abbé de Périgord est assis, la jambe gauche repliée sur la droite, le bras entourant le dossier d'une chaise et la main gauche tombante, main longue et aristocratique. A côté, un guéridon et des livres.

La vie ecclésiastique n'a marqué de son empreinte aucun des traits du visage. On a devant les yeux un jeune gentilhomme efféminé, mais l'ensemble de sa physionomie est singulièrement spirituel et malicieux.

Ce portrait, que Mlle Caroline Greuze conserva jusqu'à sa mort, en 1842, est aujourd'hui un des ornements de la belle galerie de M. Chaix-d'Est-Ange fils. Devant lui, le jugement porté sur l'abbé de Périgord par ses contemporains revient à la mémoire :

« Il s'habille comme un fat, pense en déiste et prêche comme un ange. »

Hélas! ses sermons, s'il en a prononcé, sont introuvables. On possède, en revanche, des volumes entièrement écrits de sa main pendant son consulat ecclésiastique, quand il fut agent général du clergé. L'orthodoxie la plus inquiète n'a rien à incriminer dans ses ouvrages, on le verra plus loin.

Les membres du clergé ne portaient pas autrefois, avec la stricte observance que nous voyons aujourd'hui, le costume ecclésiastique. On a lu dans Saint-Simon le portrait du cardinal de Bouillon, neveu de Turenne, doyen du Sacré Collège : « Il portait des habits gris, doublés de rouge, avec des boutons d'or d'orfèvrerie à pointe, d'assez beaux diamants; jamais vêtu comme un autre, et toujours d'invention, pour se donner une distinction. »

Le pape Clément XIV était bon cavalier. Le cardinal de Bernis écrivait à son sujet au duc de Choiseul, le 4 octobre 1769 : « Le pape galope tous les jours à cheval, et ses officiers ne peuvent le suivre. Il s'est fait faire un habit court, blanc, des bottes blanches, un chapeau rouge; voilà ce qui compose son habillement de cheval. »

*
* *

Le clergé de France se réunissait en assemblée générale ordinaire, tous les cinq ans. Dans des sessions laborieuses, il vérifiait les comptes de gestion de ses immenses biens, traitait les questions en litige des divers diocèses, se mettait en rapport direct avec le roi, les ministres, écrivait — seulement dans cette circonstance — une adresse collective au pape, et défendait ses privilèges contre ses ennemis, ses envieux, au nombre desquels se trouvaient les parlements, dont la jurisprudence était presque toujours hostile à ses intérêts. Ses droits, ses privilèges, le clergé les faisait remonter aux capitulaires de Charlemagne.

Les rois de France profitaient de ces grandes assises du clergé, pour l'imposer. L'impôt ainsi demandé par la royauté s'appelait par antiphrase « don gratuit ». Le cardinal de Richelieu, toute sa vie, à court d'argent, eut souvent recours à ce moyen de battre monnaie, sans s'émouvoir des gémissements de ses anciens collègues de l'épiscopat. Dans les années si malheureuses de la fin de son règne, Louis XIV mit aussi le clergé à forte contribution.

Le « don gratuit » était souvent considérable. Pour ne prendre que les dernières années de la monarchie, il fut de 30 millions en 1780; dans l'assemblée extraordinaire de 1782, convoquée à cause de la guerre d'Amérique, le clergé s'imposa à 15 millions et donna en outre 1 million pour les familles des matelots tombés dans les combats. En

1785, encore 18 millions ; 1,800,000 livres en 1788 ; — 66 millions en cinq ans.

Pour mobiliser d'aussi fortes sommes, il ouvrait des emprunts qui, grâce à la solidité de son crédit, étaient promptement couverts. Puis il taxait tous les bénéfices du royaume, pour en servir les intérêts ou pour les amortir.

O dérision de la prévoyance humaine! il avait des échéances de remboursement échelonnées jusque dans les premières années du dix-neuvième siècle.

Fagus, *calculateur du clergé de France*, avait dressé un état de tous les capitaux au denier 25 (4 pour cent) arrêtés par l'assemblée de 1780, à 95,642,230 livres. La durée de leur libération devait être de 24 années. La dette devait être éteinte au 1er avril 1805.

On a vu que, depuis les calculs de Fagus, elle s'était encore accrue de plus des deux tiers. Le clergé devait près de 150 millions en 1789. Il est nécessaire de connaître ces chiffres, pour lire avec fruit les grands débats sur son expropriation.

Son organisation financière était digne du premier corps du royaume. Au-dessus des agents et des syndics des diocèses, il y avait les receveurs des seize provinces ecclésiastiques. La comptabilité se centralisait à Paris, chez le receveur général du clergé.

C'était une des charges de finance les plus richement dotées. En 1710, M. de Pennautier qui en était titulaire depuis quarante ans, présenta comme son successeur, à l'assemblée, M. Ogier, receveur des finances de la généralité de Montauban. M. Ogier donna pour caution une hypothèque sur ses biens immeubles, d'une valeur de 1,100,000 livres. Après lui, la charge se transmit dans la même famille : MM. de Sénozan, Bollioud de Saint-Jullien, Quinson, grand-oncle, neveu et petit-neveu l'occupèrent avec mérite. En 1790, M. de Quinson était encore receveur général, et ce fut à l'Assemblée nationale qu'il remit ses comptes définitifs. Un chiffre donnera l'idée de la valeur de ces fonctions. M. Bollioud de Saint-Jullien reçut en 1770 une gratification de 162,000 livres, pour avoir conduit heureusement l'opération de la conversion des rentes, du denier vingt au denier vingt-cinq (de 5 à 4 pour cent).

L'envie que suscitait la fortune du clergé en faisait souvent exagérer la valeur. Du vivant même de Louis XIV, en 1710, s'imprimait un almanach où ses revenus étaient portés à 312 millions. L'assemblée qui se tint cette année, en prit quelque souci. « Qu'encore, dit le président, que cette affaire ne parût pas d'elle-même une grande conséquence, elle pouvait cependant faire impression sur le public et lui donner lieu de croire que les dons immenses que le clergé faisait au roi n'étaient pas encore proportionnés à ce qu'il pouvait faire ; qu'ainsi il était de la prudence de la Compagnie de prendre quelques mesures pour arrêter cet abus et que, pour cela, il convenait que Messieurs les agents en parlassent à M. d'Argenson (*le lieutenant de police*) de la part de l'assemblée. »

La vérité est que la fortune du « premier ordre » du royaume s'élevait à 150 millions de revenu ; 70 millions en biens-fonds, et 80 millions provenant des dîmes.

Emprunts, amortissements, conversions, toutes ces opérations lui étaient familières. Quand on étudie les délibérations de ses assemblées, on se convainc qu'elles étaient une grande école de gouvernement. Les évêques ne furent pas dépaysés à l'Assemblée constituante, et plusieurs d'entre eux la présidèrent avec honneur.

Mme Roland fut frappée de l'air aisé qu'ils apportèrent dans la réunion plénière de la Nation :

« Je remarquai avec dépit, du côté des *Noirs*, ce genre de supériorité que donnent dans les assemblées l'habitude de la représentation, la pureté du langage, les manières distinguées. »

Dans l'intervalle des sessions, le clergé déléguait ses pouvoirs à deux de ses membres, dénommés agents généraux. Ils étaient élus tous les cinq ans, par deux des provinces ecclésiastiques, à tour de rôle. L'assemblée générale les investissait et les présentait au garde des sceaux. Ils avaient leurs entrées au conseil et au bureau des affaires ecclésiastiques. L'épiscopat était généralement la récompense immédiate de ces importantes fonctions qui équivalaient à un ministère. Les prélats les plus richement pourvus les avaient remplies. En 1710, M. de Maulevrier reçut l'évêché d'Autun, à l'expiration de ses fonctions.

L'abbé de Périgord fut élu en 1780. Voici quels étaient alors ses titres dans l'Église de France :

« Et ladite province de Tours étant en tour de nommer un agent général du clergé, a nommé, par procuration passée devant Me Thenon, notaire à Tours, le 10 mai 1780, messire Charles-Maurice de Talleyrand-Périgord, prêtre du diocèse de Paris, abbé de Saint-Denis de Reims, vicaire général du même diocèse, et chapelain de la chapelle simple et sans résidence, sous l'invocation de Saint-Jean l'Évangéliste, fondée et desservie dans l'église collégiale et paroissiale de Saint-Venant, de la ville de Tours. »

Son collègue, nommé dans la même forme par la province d'Aix, fut l'abbé de

Boisgelin, vicaire général et neveu du célèbre archevêque de ce nom. Mais il fut complètement éclipsé par l'abbé de Périgord, et il m'a été impossible de savoir ce qu'il devint plus tard.

*
* *

Depuis l'année 1605, le clergé tenait ses assemblées aux Grands-Augustins, vaste monastère qui s'élevait sur une partie de l'espace compris aujourd'hui entre le Pont-Neuf et le pont Saint-Michel. Sa chapelle gardait entre autres tombeaux, celui de Philippe de Comines.

Les assemblées ordinaires se composaient de quatre députés pour chacune des seize provinces ecclésiastiques dites *françaises*, — deux pour le premier ordre (les évêques); deux pour le second (les prêtres); des deux agents généraux entrant en fonctions et des deux sortants. C'était donc une réunion considérable de soixante-huit représentants du clergé, un parlement dans l'acception moderne du mot. Au nombre de ses *officiers*, il y avait un buvetier.

Quel écheveau embrouillé que celui des divisions administratives et des coutumes de l'ancienne monarchie!

Sur dix-huit provinces ecclésiastiques, deux, celles de Cambrai, Besançon et une vingtaine de diocèses n'étaient point réputés « du clergé de France ». Tous ces évêchés n'avaient aucune part au gouvernement temporel du clergé; mais ils faisaient chacun séparément, ou conjointement avec les états de leur province, leur don gratuit.

Aucun concordat n'était sans doute intervenu entre la royauté et le Saint-Siège pour régulariser la situation des provinces ecclésiastiques annexées à la France depuis Henri II. Aussi en résultait-il de bizarres anomalies.

L'archevêque de Besançon avait conservé pour suffragants les évêques de Bâle et de Lausanne.

Les diocèses de Metz, Toul, Verdun, Saint-Dié, Nancy avaient pour métropolitain l'archevêque de Trèves.

Cambrai avait pour suffragants les évêques de Tournai et de Namur.

Trois des évêchés de Corse, Ajaccio, Sagone, Aléria, relevaient de l'archevêché de Pise; les deux autres, Mariana et Accia, réunis, et Nebbio, reconnaissaient Gênes pour leur métropole.

Strasbourg avait la sienne à Mayence; Perpignan à Tarragone.

*
* *

Un grand appareil de religion présidait à l'ouverture des assemblées du clergé. Tous les membres, évêques et prêtres, communiaient à la messe solennelle du Saint-Esprit, des mains du prélat-président. Ils s'imposaient ensuite une aumône. En 1780, elle fut de 8,000 livres, dont une partie prise sur « la taxe de deux jours, de messeigneurs et de messieurs les députés; le surplus, dans la caisse du clergé ».

Ce petit parlement se partageait ensuite en bureaux : neuf en 1780. Les agents généraux, tant anciens que nouveaux, faisaient partie de tous les bureaux. Ils remplissaient vraiment les fonctions de ministres du premier corps du royaume. Ils en étaient les intermédiaires auprès du roi et des secrétaires d'État.

Dans ces réunions périodiques, le clergé ne s'occupait pas que de son temporel et des empiétements des parlements sur ses immunités et ses privilèges. Il saisissait cette heure favorable pour défendre la religion contre les assauts formidables qui la mettaient en si grand péril.

Dans une adresse au roi, de cette année 1780, il l'adjura d'empêcher l'entrée en France de l'édition complète des œuvres de Voltaire qui s'imprimait à Kehl :

« Cet homme fameux, moins connu pour la beauté de son génie et la supériorité de ses talents que par une guerre persévérante et implacable qu'il a eu le malheur de soutenir pendant plus de soixante ans contre le Seigneur et contre son Christ, on ne se lasse point de l'exposer aux hommages de la vénération publique, non seulement comme la gloire des lettres et le modèle de ceux qui les cultivent; mais encore comme le bienfaiteur de l'humanité et le restaurateur des vertus sociales et patriotiques. La voie des souscriptions a été plus d'une fois ouverte en faveur d'ouvrages qui respirent une indépendance sans bornes, et la haine de toute autorité. »

Malgré son admiration profonde pour « le patriarche », l'abbé du Périgord était bien obligé d'apposer, comme ses collègues, sa signature au bas de ces protestations solennelles.

Louis XVI promettait de faire droit à ces doléances.

Mais que pouvait la monarchie pour enrayer le mouvement prodigieux des esprits? On entendait de tous côtés les craquements du vieil édifice. Ce n'était pas du dehors seulement que partaient les attaques contre le clergé. Son existence était menacée par des divisions intestines. Il avait une plaie énorme : les curés de campagne, les curés « à portion congrue », comme on les nommait, en majeure partie, pauvres, misérables, sans considération dans l'État, dans une situation d'infériorité et d'abaissement aussi accusée vis-à-vis des prélats et des gros bénéficiers, que le peuple vis-à-vis de la noblesse.

Aussi, quelques années plus tard, quand le clergé, comme les deux autres ordres, sera appelé à rédiger ses cahiers, il écrira :

« De bons prêtres vivent dans l'indigence, meurent sans récompense; beaucoup qui n'ont d'autres mérites que la protection et leur noblesse sont chargés des fruits de l'Église.

. . . .

« Un abus bien contraire à l'émulation, proscrit par les saints canons, est la pluralité des bénéfices. »

Ce sont les curés des bailliages de Meulan et de Moret, qui firent entendre ces plaintes mélancoliques, ratifiées par quarante mille de leurs confrères.

Pour eux, la carrière ecclésiastique n'avait aucun avenir. Toute espérance d'arriver aux dignités qu'avaient illustrées au grand siècle les non-nobles, les Bossuet, les Mascaron, les Fléchier, les Huet et autres, leur était absolument ôtée. Si la monarchie eût continué à durer telle quelle, qui sait si l'abbé Maury, lui-même, malgré son renom oratoire et ses succès académiques, fût parvenu à l'épiscopat? Dans la dernière liste des dix-huit archevêques et des cent dix-huit évêques de la monarchie, on découvre à grand'peine un ou deux noms qui n'appartiennent pas à la haute aristocratie. Ils devaient alors se rattacher à la petite noblesse de robe. Pour les bénéfices, il en était à peu près de même.

*
* *

Certaines familles faisaient bonne garde aux abords des riches évêchés qu'elles s'accoutumaient à regarder comme biens à transmission.

Presque tous les évêques étaient nommés aux environs de trente-cinq ans; c'était la moyenne de l'âge.

En 1789, le titulaire de l'évêché d'Orléans, M. de Jarente, avait succédé à son oncle, le fameux Louis-Sextius de Jarente de la Bruyère, dont il avait été le coadjuteur, à trente-cinq ans. Orléans valait 50,000 livres, sans compter les abbayes possédées par l'évêque avant sa nomination.

Le cardinal de Bernis, archevêque d'Alby, s'était fait donner pour coadjuteur son neveu, François de Pierre de Bernis. Les revenus de l'archevêché s'élevaient à 120,000 livres. Entre autres bénéfices, le cardinal possédait l'abbaye de Saint-Médard de Soissons qui donnait 40,000 livres; l'abbaye des Trois-Fontaines, diocèse de Châlons-sur-Marne, 50,000 livres, etc.

L'épiscopat comptait trois la Rochefoucauld :

Dominique de la Rochefoucauld, cardinal, archevêque de Rouen — 100,000 livres ;

François-Joseph de la Rochefoucauld, évêque de Beauvais — 96,000 livres;

Pierre-Louis de la Rochefoucauld-Bayers, évêque de Saintes * — 20,000 livres.

Deux Champion de Cicé :

* François-Joseph et Pierre-Louis de la Rochefoucauld furent égorgés aux carmes, le 2 septembre 1792, avec l'archevêque d'Arles, Jean-Marie Dulsau, âgé de 90 ans.

Le premier archevêque de Bordeaux — 55,000 livres ;

Le second, évêque d'Auxerre — 50,000 livres.

Le cardinal de Loménie de Brienne, archevêque de Sens — 70,000 livres — avait pour coadjuteur Pierre-François de Loménie, son neveu.

L'évêque de Troyes, Claude-Mathias de Barral, s'était adjoint son neveu, Louis-Mathias de Barral, qui avait succédé à l'abbé de Périgord, dans l'agence du clergé.

Strasbourg, le plus riche évêché du royaume, 400,000 livres (le plus pauvre était celui de Nebbio en Corse, 4,000 livres) semblait une propriété des Rohan. Depuis 1704, quatre prélats de cette famille s'y étaient succédé. En 1789, le titulaire était le prince Louis-René-Édouard, sacré évêque à vingt-six ans, membre de l'Académie française à vingt-sept, cardinal à quarante-quatre, grand aumônier de France, succédant enfin à son oncle, le prince Louis-Constantin, à quarante-cinq ans (1779). C'est le Rohan de l'affaire du Collier.

Un autre Rohan-Guéménée (Ferdinand-Mériadec), sacré archevêque de Bordeaux à trente-deux ans, occupait l'archevêché de Cambrai, valant 200,000 livres.

L'un et l'autre Rohan s'étaient déchargés sur des prélats auxiliaires de l'administration de leurs diocèses. L'auxiliaire de Cambrai était Simon Daigneville de Millancourt, évêque d'Amicles ; celui de Strasbourg, Jean-Jacques de Lantz, évêque de Dora en Palestine.

Enfin, deux membres de la famille de Périgord tenaient les sièges enviés de Reims et d'Autun.

L'archevêché de Narbonne valait 160,000 livres.

Parmi les opulentes abbayes, on citait : à Paris, Saint-Germain-des-Prés, 130,000 livres ; Sainte-Geneviève, 65,000 ; Saint-Victor, 45,000 ;

Saint-Étienne, de Caen, 75,000 livres.

A Soissons, à côté de Saint-Médard, qui donnait 40,000 livres au cardinal de Bernis, il y avait encore Saint-Jean-des-Vignes, dont le revenu était de 30,000 livres.

Rien d'étonnant, on le comprendra, à ce

que le clergé eût sa démocratie, comme la noblesse et le tiers état.

La situation de la majorité des quarante mille curés, sous la monarchie, est attestée par quatre chiffres :

Charles IX fixa leur portion congrue (traitement fixe) à 120 livres par an ; Louis XIII, en 1634, la porta à 200 ; Louis XIV, en 1686, à 300 ; Louis XV, en 1760, à 500.

L'assemblée générale du clergé de 1780 apprit avec un profond étonnement que les curés « congruistes » de la plupart des diocèses de Provence et du Dauphiné — du Dauphiné qui fut à l'avant-garde de la Révolution ! — avaient organisé des réunions, élu des syndics, nommé des délégués, formé un centre d'action à Paris même, essayant de créer de l'agitation dans le royaume, pour lui faire entendre les revendications de leur classe opprimée.

Ce mouvement parut assez considérable pour mériter l'intervention du roi. Le 9 mars 1782 parut une *Déclaration* de Louis XVI, *renouvelant les défenses aux curés du royaume de s'assembler sans permission.*

« Nous avons été informé, y est-il dit, que les curés à portion congrue des diocèses de Provence et du Dauphiné se sont assemblés, qu'ils ont pris dans leurs assemblées des délibérations communes, qu'ils ont nommé des syndics et des députés pour en suivre l'exécution et qu'ils se sont cru permis d'établir une espèce de contribution pour subvenir aux frais qui pourraient être faits par leurs députés, que même ceux du diocèse de Vienne ont fait imprimer des mémoires remplis d'expressions contraires au respect qu'ils doivent aux évêques, leurs supérieurs, desquels mémoires nous avons ordonné la suppression. C'est en cet état qu'après nous être fait représenter en notre conseil les ordonnances et règlements par lesquels il est défendu à tous ceux qui ne forment point corps ou communauté de s'assembler, sans en avoir obtenu notre permission, nous avons pensé qu'il serait de notre sagesse de prévenir de semblables abus, en renouvelant les dispositions des ordonnances et règlements anciennement donnés à ce sujet.... »

Malveillance accusée des parlements, surtout quand ils trouvaient l'occasion de favoriser les rebelles à la perception de l'odieuse dîme, agitation des congruistes, tels étaient les obstacles menaçants que le haut clergé trouvait devant lui.

J'ai parlé de la dîme. A l'assemblée des notables, il fut question de la supprimer. M. de Boisgelin, archevêque d'Aix, la défendit. Comme il disait : « La dîme, cette offrande volontaire de la piété des fidèles... » il fut interrompu par le duc de la Rochefoucauld qui, avec son ton simple et modeste, reprit :

« La dîme, cette offrande volontaire de la piété des fidèles sur laquelle existent maintenant quarante mille procès dans le royaume. »

Dans l'audience de clôture de l'assemblée de 1780, François de Bonal, évêque de Clermont, se fit l'interprète des alarmes de son corps en disant à Louis XVI :

« Par quelle fatalité, sire, avec de tels sentiments et une telle conduite, sommes-nous donc livrés à une envie qui ne cesse de provoquer l'anéantissement de nos privilèges, de conspirer contre nos biens ! Comment sommes-nous en proie à des jurisprudences arbitraires et destructives qui nous enlèvent chaque jour quelques portions de notre héritage, multipliant les conflits judiciaires entre les pasteurs et les fidèles, rompant les liens précieux de la confiance qui doit les unir, et nous arrachant trop souvent à nos fonctions pour la défense de nos propriétés ? »

Dans le rapport de son agence de 1780 à 1785, l'abbé de Périgord, désireux d'améliorer le sort des curés, émit avec son collègue le vœu que la portion congrue fût portée à 700 livres. Cinq années plus tard, il demandera pour eux, en retour « des biens du clergé remis à la nation », un traitement honorable de 1,200 livres, rêve généreux qu'après un siècle aucun gouvernement n'a encore réalisé.

*
* *

L'assemblée ordinaire du clergé de 1780, qui lui ouvrit la vie publique, tint cent trente séances et dura quatre mois et douze jours (29 mai-11 octobre).

L'Assemblée extraordinaire de 1782, deux

mois moins trois jours (10 octobre-7 décembre).

Enfin, l'assemblée de 1785 dura du 23 mai au 29 septembre, fut reprise le 3 juillet de l'année suivante et ne finit que le 12 septembre 1786.

Dans l'intervalle de ces longues sessions, l'abbé de Périgord traita magistralement l'immense détail des affaires du clergé. Il excellait à porter la lumière dans les procédures inextricables de l'antique chicane et les exposait avec une clarté qu'il avait ravie à Fontenelle et à Voltaire, ses maîtres, au point de faire lire sans fatigue des discussions sur les dîmes solites et les dîmes insolites.

Le souvenir de ces années de jeunesse si remplies par d'importants travaux, dut revenir bien des fois à l'esprit du prince de Talleyrand. Quel sentiment éprouvait le diplomate, quand le hasard remettait sous ses yeux sa dernière harangue à l'assemblée du clergé, en 1786, à l'expiration de son mandat ? Elle est pleine d'effusion. Ce railleur, ce sceptique, a peut-être été ému ce jour-là, en l'écrivant. Qu'on en juge :

« Ainsi, d'âge en âge, l'enseignement se perpétue ; ainsi chacune de vos assemblées reçoit, conserve et transmet la tradition ; ainsi vous formez un anneau de cette chaîne immense par laquelle vous tenez, d'un côté aux premiers apôtres de l'Évangile, et de l'autre à ceux que la Providence réserve à répéter encore les mêmes vérités, au milieu des ruines du monde.

« Parvenus à la fin de nos travaux, en sentant redoubler notre attachement pour le corps auquel nous nous étions dévoués, nous ne pouvons nous défendre d'un sentiment douloureux ; nous croyons que nous allons avoir moins de droit à ses bontés ; il nous semble que nous appartiendrons moins à chacun de vous, lorsque nous cesserons d'appartenir à tous. Une idée consolante vient pourtant adoucir nos regrets. Nous quittons le soin de vos affaires, mais nous les voyons passer en des mains habiles. Le zèle et le talent de nos successeurs nous présagent leurs succès : nous y applaudissons d'avance. Nous souhaiterions qu'ils pussent nous croire propres à leur procurer quelques éclaircissements ; nous trouverions dans cette correspondance le double avantage de nous unir plus étroitement avec eux, et de suivre encore des fonctions dont le souvenir nous causera toujours la plus vive émotion, puisque sans cesse il nous rappellera les rapports si chers et si honorables que nous avons eus avec cette auguste assemblée. »

Les successeurs de l'abbé de Périgord et de M. de Boisgelin dans l'agence générale furent : l'abbé de Montesquiou, le célèbre président de l'Assemblée constituante, le ministre de la Restauration, et l'abbé de Barral qui devint archevêque de Tours, sous le premier Empire, auquel son attachement et sa fidélité firent encourir la disgrâce de Louis XVIII.

A ce moment, tous les acteurs qui vont figurer dans le grand drame de la Révolution commencent à se rencontrer dans la coulisse. Un des derniers actes de l'abbé de Périgord fut de recommander à l'assemblée du clergé, comme Conseils, Treilhard et Camus, celui-là même qui présida la Constituante, le 2 novembre 1789, jour où fut consommée l'expropriation des biens de l'Église. Camus était avocat du clergé quand s'ouvrirent les états généraux.

*
* *

En collaboration avec son collègue, M. de Boisgelin, il écrivit le rapport de l'agence concernant les cinq années de 1780 à 1785, et seul, le procès-verbal de l'assemblée générale de 1785-1786, in-folio de 1,275 pages, bien peu consulté malgré les révélations curieuses qu'il contient sur la situation du clergé d'avant 1789.

« C'est un monument de talent et de zèle, disait l'archevêque de Bordeaux, Champion de Cicé, à la séance du 17 juillet 1786. L'approbation que vous avez donnée à cet important ouvrage est au-dessus de tous les éloges que nous en pouvons faire, et votre opinion lui a déjà assigné un rang distingué entre ceux qui décorent vos annales. »

L'assemblée arrêta d'accorder à chacun des deux agents « la gratification ordinaire de 24,000 livres; de leur donner une gratification extraordinaire de 4,000 livres, *sans tirer à conséquence pour l'avenir*, et de leur donner en outre, en qualité de promoteur et de secrétaire de l'assemblée, 3,000 livres à chacun. »

Comme on le voit, c'était un beau cadeau de 31,000 livres que le clergé faisait à l'abbé de Périgord.

L'archevêque de Narbonne, Arthur-Richard de Dillon, président, fut en outre prié de porter à l'évêque d'Autun les vœux de l'assemblée en faveur des anciens agents, et de les recommander aux bontés du roi.

L'évêque d'Autun était alors Yves-Alexandre de Marbeuf. Depuis 1776, il tenait la feuille des bénéfices, charge très enviée, car elle donnait au titulaire l'occasion de travailler seul, avec le roi. Le prélat qui avait la *feuille* habitait à Paris, au Palais abbatial de Saint-Germain-des-Prés, quand il n'était pas à la cour.

Il était d'usage que les agents généraux du clergé fussent pourvus d'un évêché aussitôt après leur sortie de fonctions.

Louis XVI écouta sans mot dire la requête des prélats, mais se promit bien dans son for intérieur de ne jamais nommer évêque l'abbé de Périgord.

III

L'ABBÉ DE PÉRIGORD

de 1786 à 1789

C'est là un trait des mœurs de la vieille société française, bien fait pour nous surprendre, nous qui vivons dans un milieu si différent, et en face d'un clergé conformant sa vie à la rigueur des dogmes évangéliques. Une assemblée de trente-deux prélats et de trente-deux prêtres, presque tous dignitaires de l'Église — vicaires généraux — juge un de ses membres digne de l'épiscopat et le recommande au roi. Les scru-

3.

pules de sa conscience ne permettent pas à Louis XVI de tenir compte de cette haute intervention, si puissante sur lui d'ordinaire.

Le décri où était tombé l'abbé de Périgord, par suite d'aventures de toute sorte, était trop public pour ne pas lui aliéner le cœur du vertueux prince.

Mais alors une question se pose. Le clergé était donc plus tolérant que le roi pour les mœurs de ses membres?

Se recrutant exclusivement dans les rangs de la haute noblesse, il était difficile aux prélats, cités même pour leur régularité, de se soustraire aux lois du monde élégant et raffiné auquel ils appartenaient, et dans lequel leurs grands apanages leur permettaient de figurer avec distinction. Le relâchement des mœurs ecclésiastiques, il faut bien employer ce mot, était général, et Rome même était loin d'employer la rudesse dogmatique de Grégoire VII et de Boniface VIII.

Les assemblées du clergé n'étaient point des conciles, mais plutôt des *parlements* du premier corps du royaume, délibérant sur ses affaires générales, où les questions du temporel primaient de beaucoup les autres. On ne peut donc être surpris que l'habileté et le talent déployés par un agent général d'un aussi rare mérite que l'abbé de Périgord aient particulièrement frappé ses collègues et ses aînés dans la carrière ecclésiastique.

La monarchie avait trouvé dans le clergé ses plus grands ministres. Est-ce qu'on s'inquiétait de ce qu'avaient été les mœurs privées des cardinaux de Richelieu et Mazarin? Le cardinal Fleury, le dernier de la liste, qui avait procuré dix-sept années d'honorable repos à la France, n'avait-il pas eu à subir les répugnances de Louis XIV qui ne se décida qu'après quatre ans de supplications à lui donner l'évêché de Fréjus, « diocèse au bout du royaume, et en pays perdu »?

Si le clergé de 1786 comptait des cardinaux de Rohan et de Bernis, il s'honorait aussi de MM. de Juigné, archevêque de Paris, de Talleyrand, archevêque de Reims, de Lefranc de Pompignan, archevêque de

Vienne. Ni l'évêque diocésain de Paris, ni aucun autre prélat n'avait protesté contre la recommandation au roi de l'abbé de Périgord. Son orthodoxie était inattaquable. N'avait-il pas mérité les éloges de son corps, pendant sa gérance? Ne s'était-il pas associé à tous ses actes, aux demandes réitérées de proscription contre les œuvres de Voltaire et contre les écrits antireligieux? N'avait-il pas signalé avec ses collègues le développement du culte protestant et la quasi-liberté dont jouissaient les réformés? N'avait-il pas signé, rédigé peut-être, une belle adresse latine au pape, pleine des gémissements de l'Église de France sur le délaissement de la vie monastique, au bas de laquelle on lisait : de *Périgord, cleri gallicani procurator?* Dans une autre adresse, n'avait-il pas écrit au pape, sans sourciller, qu'il était impatient d'apprendre la béatification de la sœur Marie de l'Incarnation *, carmélite, et d'Alain de Solminiac, évêque de Cahors? — Car on trouve une multipli-

* Marie de l'Incarnation fut béatifiée le 6 mai 1791.

cité vraiment étonnante de sujets traités dans les volumineux rapports des agents, depuis les cas de jurisprudence les plus ardus, jusqu'aux encouragements pécuniaires aux écrivains bien pensants.

Quelle que fût la conduite privée de l'abbé de Périgord, elle n'avait donné lieu à aucun éclat scandaleux. C'était quelque chose pour ce temps. La tolérance était bien plus large que nous ne pouvons l'imaginer. Elle se montra quand survint la catastrophe du cardinal de Rohan, arrêté le 15 août 1785, en habits pontificaux, en présence de toute la cour, par ordre de Louis XVI, irrité, défendant son honneur personnel.

Le drame éclata pendant les séances de l'assemblée du clergé. Les prélats n'abandonnèrent pas leur confrère. Quand son procès fut déféré au Parlement, ne pouvant prévoir son issue, aussi injurieuse pour la famille royale, qu'elle lui fut favorable, ils le réclamèrent devant leur juridiction, demandant qu'il fût jugé par les évêques, ses pairs.

Le discours que le président, Arthur de

Dillon, archevêque de Narbonne, prononça à ce sujet, dans la séance du mercredi 7 septembre, est un chef-d'œuvre d'habileté. Il a aussi le mérite de nous faire connaître les principes que professaient les membres du clergé sur l'obéissance aux rois, en tant que sujets français :

« Il n'y a personne parmi nous qui ignore le malheur qu'a eu M. le cardinal de Rohan d'encourir la disgrâce du roi. Nous devons sans doute craindre qu'il ne soit bien coupable, puisque Sa Majesté a cru devoir le faire arrêter avec éclat, s'assurer de sa personne et de ses papiers.

« Il est de notoriété publique, depuis hier matin, qu'il a été dressé des lettres patentes au Parlement de Paris qui lui attribuent la connaissance de l'instruction, et le jugement des faits qui forment le corps du délit dont la réparation est poursuivie, faits dans le détail desquels M. le cardinal de Rohan se trouve impliqué. De quelque genre que soit le délit, nous ne craignons pas de dire d'avance que nous le détestons. Mais M. le cardinal de Rohan réunit à la qualité de cardinal et de grand aumônier, celle d'évêque du royaume. Ce titre qui nous est commun avec lui, nous impose le devoir de réclamer les maximes et les lois qui ont prescrit qu'un évêque devait être jugé par des évêques.

« A Dieu ne plaise que nous prétendions par là vouer notre ordre à l'impunité, ou le soustraire à l'obéissance qui est due au roi. Nous lui avons dit nous-mêmes, à l'ouverture de nos séances, que la qualité de ministres des autels ne contrarierait jamais les devoirs que nous prescrit celle de sujets et de citoyens.

« Nous professons et nous enseignons que la puissance de nos rois est indépendante, universelle, complète, relativement à tous les objets auxquels elle doit atteindre pour le maintien de l'ordre public. Nous tenons fermement que notre consécration au service des autels ne transporte à aucune puissance sur la terre les droits auxquels nous a soumis notre naissance.

« Nous n'avons point à réclamer de privilèges qui soient incompatibles avec ces vérités fondamentales; nous réclamons avec confiance ceux que *les Lois*, *les Rois* et *la Nation* nous ont transmis; nous les trouverons dans les mêmes sources d'où dérivent ceux des pairs, des gentilshommes et des officiers des cours. »

Après une savante délibération où furent

passés en revue les cas où des dignitaires de l'Église avaient encouru des jugements et subi des condamnations, où le souvenir du cardinal Balue, entre autres, fut évoqué, l'assemblée décida :

« 1° D'écrire au roi, sans retardement, une lettre touchante et respectueuse par laquelle Sa Majesté sera suppliée très humblement de calmer les justes alarmes qu'ont causées à l'Église de France les lettres patentes qui attribuent au Parlement de Paris la connaissance et le jugement de l'affaire dans laquelle est impliqué M. le cardinal de Rohan.

« 2° De joindre à cette lettre un mémoire qui rappelle avec précision les maximes et usages du royaume sur le droit que les évêques ont d'être jugés par d'autres évêques en matière criminelle. »

On voit que le drame faisait parfois son apparition dans la salle des Grands-Augustins. Mais les prélats ne se voilaient pas la face devant les infortunes d'un des leurs, et se tiraient d'un mauvais pas en hommes du monde.

Le prince de Talleyrand, qui aimait tant à se reporter aux souvenirs de sa jeunesse, a dû conter lui-même l'anecdote suivante, qu'on trouve dans l'Éloge académique de M. Mignet :

« Le haut clergé n'était point alors séparé du monde, et ne demeurait pas étranger à ce qui se passait, et je citerai à ce sujet un fait qui montrera jusqu'à quel point il s'en mêlait. La guerre d'Amérique excitait un intérêt universel; l'abbé de Périgord, agent général du clergé de France, de concert avec son ami le comte de Choiseul-Gouffier, arma un corsaire contre les Anglais, Le maréchal de Castries, ministre de la marine, leur fournit les canons. L'armement d'un corsaire par un abbé peint ce temps singulier où le pape Benoît XIV avait reçu de Voltaire la dédicace de *Mahomet*, et où la cour allait applaudir aux saillies de Beaumarchais contre la noblesse. L'esprit était le vrai souverain de l'époque. »

L'abbé de Périgord faisait partie de cette réunion célèbre qui se tenait au Mont-Parnasse chez le comte de Choiseul-Gouffier, où se trouvaient ensemble les financiers, les courtisans, les poètes, les magistrats, les philosophes les plus aimables et les plus distingués. Là brillaient Boufflers, Delille, Rulhière, Saint-Lambert, Chamfort, La Harpe, Marmontel, l'abbé Raynal, Panchaud, Louis et Joseph de Ségur, le prince de Ligne, Lauzun, Narbonne....

Affaires et plaisirs, l'abbé de Périgord menait tout de front. Très lié avec le contrôleur général de Calonne, dont les confidences et les conseils n'étaient pas étrangers, disait-on, à l'augmentation de sa fortune, joueur et fastueux, comme il le fut toujours, recevant de toutes mains, recueillant même des bénéfices du corsaire qu'il avait armé, agioteur et libertin, il avait dépassé les limites de la tolérance assez large, cependant, de ses contemporains.

Telles étaient les causes de la mauvaise humeur de Louis XVI, dont l'abbé se plaignait dans ses lettres mélancoliques à son ami Choiseul.

« *A Monsieur de Choiseul-Gouffier,*
à Constantinople

« 4 avril 1787.

« Mon archevêque de Bourges est plus mal depuis quelques jours : on dit qu'il s'en va tout à fait. Les remèdes les plus actifs le sont moins que le mal. Cette époque sera vraisemblablement celle qui décidera de mon sort. Pour le moment, il me paraît bien difficile qu'on ne me donne pas l'archevêché de Bourges. La malveillance de l'évêque d'Autun[1] ne me paraît pas pouvoir lui fournir les moyens de me le refuser. »

« *A M. de Choiseul-Gouffier.*

« 17 octobre 1787.

« Voilà l'archevêché de Bourges donné à l'évêque de Nancy, et l'évêché de Nancy donné à l'abbé de La Fare. A présent, qu'est-ce qui arrivera?

« Je ne prévois plus d'ici à longtemps de mouvement dans le clergé; quand il y en

[1] M. de Marbeuf qui avait la feuille des bénéfices.

aura, me donnera-t-on la place qui me conviendra, et à laquelle je conviendrai? »

Le 28 mai 1788, le roi a nommé à l'archevêché de Lyon l'évêque d'Autun. Nouvelle lettre à son confident Choiseul.

« Rien de ce que je désire ne tourne comme je le voudrais, mon ami; je ne suis pas dans un moment de bonheur.

« Mais cela changera; j'attendrai et on trouvera peut-être qu'un homme qui a trente-quatre ans, qui a toujours été occupé d'affaires, qui a fait celles de son corps, tout seul, pendant cinq ans, et de qui on s'est loué pendant tout ce temps-là, mérite qu'on le traite un peu mieux.

« Je vais dans quinze jours à l'assemblée provinciale de Champagne (*sans doute en qualité de vicaire général de Reims*), j'y passerai environ un mois, et de là je viendrai perdre le reste de mon hiver à Paris, puisqu'on ne veut pas me faire employer mon temps ailleurs. Si je peux contribuer à faire faire quelque chose d'utile en Champagne, cela adoucira un peu mon oisiveté.

« Mais, mon ami, écris-moi, ne me dis pas un mot de nouvelles, je ne veux rien savoir de ce qui se passe, si c'est cela qui m'empêche de recevoir tes lettres (*le cabinet noir*.)

« Mme de Choiseul ne revient pas de Barèges avant le 25 ou le 26. La mère (?) n'est pas ici. Mme de Lamballe est revenue depuis deux jours d'Angleterre, mais, comme je ne suis ici que d'hier, je ne l'ai pas encore vue; je sais seulement qu'elle se porte bien. »

Un autre ami que l'abbé de Périgord tutoyait était Albert de Brion, chevalier de Beaumetz, qui fut premier président du Conseil supérieur d'Arras et député de la noblesse d'Artois aux états généraux, où il vota avec le parti constitutionnel.

C'est avec lui que Talleyrand passa aux États-Unis les années 1794 et 1795.

A quelle date fit-il la connaissance de Mirabeau? Rien n'est bien précis à cet égard. Il est toujours certain qu'ils se rencontrèrent dans l'entourage du contrôleur général de Calonne. Recommandé par lui à M. de Vergennes, ce grand déclassé obtint une mission sécrète auprès du roi de Prusse, et partit pour Berlin, dans les derniers jours de 1785, avec sa *horde* — c'est ainsi qu'il appelait Mme de Nehra, son fils adoptif et un chien favori. Il revint de ce premier voyage en mai 1786.

IV

L'ÉPISCOPAT

Un événement imprévu mit fin aux refus persévérants de Louis XVI. Le comte Charles-Daniel, père de l'abbé de Périgord, étant devenu très dangereusement malade, le roi se rendit auprès d'un serviteur pour lequel il professait une sincère estime. Il était dans la destinée du père et du fils d'être honorés des visites royales à leur lit de mort. Le soldat de la guerre de Sept-Ans supplia si vivement son maître de ne pas imprimer une sorte de tache à sa famille par la disgrâce dans laquelle il tenait son fils, que le bon roi céda, comme il finissait par céder toujours.

En conséquence, le brevet suivant fut expédié :

« Aujourd'hui, deuxième jour du mois de novembre mil sept cent quatre-vingt-huit, le roi étant à Versailles, *bien informé des bonnes vie, mœurs, piété, doctrine, grande suffisance et des autres vertueuses et recommandables qualités* qui sont en la personne du sieur Charles-Maurice de Talleyrand-Périgord, vicaire général de Reims, Sa Majesté se promettant qu'il emploiera avec zèle et application tous ses talens pour le service de l'Église, lui a accordé et fait don de l'évêché d'Autun, qui vaque à présent par la démission du sieur de Marbeuf, dernier titulaire, à la charge d'une pension annuelle et viagère de trois mille livres au sieur Borie des Renaudes, ancien vicaire général de Tulle, m'ayant Sa Majesté commandé d'expédier les lettres et dépêches nécessaires en cour de Rome pour l'obtention des bulles et provisions apostoliques dudit évêché; et cependant pour assurance de sa volonté, le présent brevet qu'elle a signé de sa main et fait contresigner par moi, conseiller secrétaire d'État et de ses commandements et finances.

« LOUIS,

« LAURENT DE VILLEDEUIL. »

Le comte Charles-Daniel mourut deux jours après, le 4 novembre, à l'âge de cinquante-quatre ans, la veille de l'ouverture de la seconde réunion des notables.

La comtesse lui survécut jusqu'en 1809, et vit à l'apogée de la fortune, le fils qu'elle avait si durement traité.

Le procès-verbal de l'assemblée des notables fait suivre le nom de l'archevêque de Reims qui figurait immédiatement au-dessous de ceux des princes du sang, et en tête de la noblesse, comme premier pair du royaume, de la note suivante :

« *N. B.* — Monseigneur l'archevêque duc de Reims, a supplié le roi de le dispenser de se trouver à l'assemblée, attendu la mort de M. le comte de Talleyrand-Périgord, son frère, ce qui lui a été accordé. »

Le 25 du même mois, on lisait dans la *Gazette de France*, alors feuille officielle :

« De Versailles, le 3 novembre 1788.

« Le roi a nommé à l'évêché d'Autun l'abbé de Talleyrand-Périgord, vicaire général de Reims, ancien agent général du clergé. »

La vacance de l'évêché avait duré six mois, depuis le 28 mai.

On le regardait comme conduisant à l'archevêché de Lyon, car ses deux derniers titulaires, MM. de Montazet, membre de l'Académie française, et de Marbeuf, avaient été nommés à ce siège important. M. de Montazet y avait succédé au célèbre cardinal de Tencin.

L'évêché d'Autun ne donnait pas des revenus considérables : 22,000 livres seulement. Mais l'abbé de Périgord possédait déjà les abbayes de Celles, près Poitiers, et de Saint-Denis de Reims, la première de 12 000 livres, la seconde de 18,000, ce qui faisait un total de 52,000 livres.

Les bulles de Rome arrivèrent dans les premiers jours de janvier 1789, et, le 16 du même mois, il fut sacré évêque dans la chapelle du séminaire d'Issy, par Louis-André de Grimaldi, des princes de Monaco, évêque et comte de Noyon, pair de France, assisté d'Aimard-Claude de Nicolaï, évêque de Béziers, et de Louis-Martin de Chaumont de la Galaisière, évêque de Saint-Dié.

Dans un très curieux rapport sur son épiscopat, fait à la Société Éduenne, en 1857, M. l'abbé Devoucoux, qui fut vicaire général d'Autun et mourut évêque d'Évreux, ajoutait cette note mélancolique :

« Nous avons entendu dire à des témoins oculaires combien poignantes avaient été les tortures de celui des directeurs de Saint-Sulpice, à Issy, à qui était échue la mission de disposer le cœur de l'abbé de Talleyrand au redoutable ministère qu'il assumait, lui, sans y attacher, ce semble, beaucoup d'importance. »

Pour bien comprendre ces paroles, il est

nécessaire de savoir que chaque pas dans les ordres sacrés est toujours précédé d'une retraite de plusieurs jours, plus austère et plus grave encore à la veille de l'ordination épiscopale. L'abbé de Périgord n'osa enfreindre cette pieuse coutume et alla s'enfermer dans la *solitude* d'Issy, qu'il s'était probablement gardé de revoir depuis sa sortie du séminaire. Parler de vie sacerdotale, d'abandon entre les mains de Dieu, de sainteté, à l'ami de Mirabeau, de Calonne, du duc d'Orléans, de Choiseul, de Biron et de Mme de Flahaut? Il fallait la foi naïve et profonde d'un Sulpicien pour oser le tenter. Mais aussi, il ne réussit guère : la tradition de ses angoisses se transmit par tradition dans le clergé; le bon directeur ne put s'empêcher de les confier à ses amis, tant elles furent « poignantes ». Souvenir triste et amer, qui fut bien long à s'effacer dans la pieuse maison.

« Quand j'entrai au séminaire de Saint-Sulpice, en 1843, dit M. Renan dans ses *Souvenirs d'enfance et de jeunesse*, il y avait encore quelques directeurs qui avaient vu M. Émery; il n'y en avait, je crois, que deux qui eussent des souvenirs d'avant la Révolution. M. Hugon avait servi d'acolyte au sacre de M. de Talleyrand, à la chapelle d'Issy. Il paraît que, pendant la cérémonie, la tenue de l'abbé de Périgord fut des plus inconvenantes. M. Hugon racontait qu'il s'accusa, le samedi suivant, en confession, *d'avoir formé des jugements téméraires sur la piété d'un saint évêque.* »

Le lendemain de son sacre, Talleyrand rendit visite à M. de Juigné, archevêque de Paris, qui lui remit le *pallium*, distinction attachée par les souverains pontifes au siège épiscopal d'Autun. Le 26 janvier, enfin, il fit son premier acte d'évêque en écrivant à ses diocésains la lettre pastoral que voici, document précieux, connu peut-être en France des seuls honorables membres de la Société Éduenne, à qui nous somme redevables de sa conservation.

Lettre pastorale de Mgr l'Évêque d'Autun.

« Charles-Maurice de Talleyrand-Périgord, par la miséricorde divine et par la grâce du Saint-Siège apostolique, évêque d'Autun, premier suffragant de l'archevêché de Lyon, administrateur du spirituel et du temporel du même archevêché, le siège vacant, comte de Saulieu, président-né et perpétuel des États de Bourgogne, au clergé séculier et régulier et à tous les fidèles de notre diocèse, salut et bénédiction en N.-S. J.-C.

« Depuis le jour, Nos très chers Frères, où le choix de Sa Majesté nous a appelé à vivre au milieu de vous, à chaque instant nous avons pu vous dire ce que saint Paul écrivait aux Romains : *Testis est mihi Deus quod sine intermissione memoriam vestri facio*. Oui, souffrez cette expression, N. T. C. F. Vous êtes devenus notre douce et unique occupation. Tous les événements, tous les objets ont pris pour nous un intérêt nouveau, un intérêt sensible, dès que nous avons pu les rapporter à ce diocèse distingué par les qualités heureuses de ses habitants, et si précieux à la religion, dont il est une des plus anciennes conquêtes.

« Lorsqu'un froid rigoureux, dont à peine on cite un autre exemple dans les annales des calamités, est venu tout à coup désoler les peuples de nos contrées, c'est au milieu de vous que nous avons particulièrement souffert ; ce sont vos peines que nous avons surtout ressenties. Mais, à la vue des prodiges de charité qui ont honoré la capitale du royaume, à la vue des efforts de ces dignes pasteurs dont la bienfaisance infatigable et industrieuse a su créer pour tant de mille malheureux des ressources inespérées, nous avons pensé, avec un charme consolant, qu'une aussi vertueuse émulation animait parmi vous tous les ordres de citoyens ; que les ministres de la religion, ceux qui composent différents corps justement révérés, les respectables curés des villes et des campagnes, leurs jeunes et estimables coopérateurs, tout ce nombreux clergé de tout temps recommandable par son zèle et sa régularité, avaient mérité dans un jour de détresse et de douleur les saintes et reconnaissantes bénédictions du pauvre.

« Lorsqu'avant de recevoir l'onction des

mains du Pontife, nous avons pu nous recueillir quelques moments dans une solitude où viennent s'instruire en silence les membres de la pieuse société de Saint-Sulpice, qui offrit tant de modèles à notre jeunesse, nous nous sommes dit que nous serions secondé par ces mêmes instituteurs qui se dévouent avec un zèle si pur aux soins difficiles de former les élèves du sacerdoce, et dont, pour tout dire, l'éloge le plus touchant sortit de la bouche expirante de Fénelon; et réunissant alors dans notre esprit tout ce qui intéresse le grand bienfait de l'instruction publique, nous n'avons pas éprouvé une moins vive satisfaction à penser que l'honorable fonction d'élever la jeunesse des diverses classes de la société venait d'être confiée à la célèbre congrégation de l'Oratoire, qui, par la haute sagesse de son régime, a mérité que le génie de Bossuet lui rendît un immortel hommage.

« Ainsi, N. T. C. F., toutes nos pensées, tous nos vœux, tous nos sentiments se portaient vers vous; et même, lorsqu'au moment où nous vous fûmes destiné je me voyais à la veille de perdre un père, jeune encore, chéri de tous les siens et si tendrement estimé de ceux qui le connurent, lui qui avait tant désiré de me voir dans ce diocèse où son épouse avait reçu le jour, et pour qui, même au bord du tombeau, cette nouvelle fut un instant de bonheur; lorsque de mes mains je pressais ses mains mourantes, et que j'étais contraint de dévorer mes larmes toujours prêtes à couler sur lui; enfin, après le moment fatal.... c'était au milieu de vous, c'était dans la patrie de ma mère que ma douleur aimait à se réfugier et qu'elle semblait se promettre quelques consolations.

« Eh! comment mon cœur n'aurait-il pas senti le bonheur d'être avec vous, quand je vous voyais m'adresser tant de témoignages d'intérêt; lorsque les plus douces espérances, vous sembliez les réserver pour moi; que par des vœux si bien exprimés, que par d'encourageantes préventions, vous m'aidiez à me soutenir contre mes propres craintes? Ah! pour tant de bienveillantes dispositions, recevez le dévouement de toutes mes volontés, de toutes mes affections. Qu'il doit vous être aisé de croire que mille fois en secret nous vous avons dit avec l'Apôtre : *Je suis pressé du désir de vous voir;* que nous nous sommes attristé avec lui de tout ce qui a retardé cette époque intéressante de notre vie; que ce sentiment s'accroît à l'approche du jour de notre réunion et dans un moment surtout où nous vous appartenons plus particulièrement par l'alliance solennelle que nous venons de contracter avec vous.

« Mais ce n'est pas à cette seule pensée qu'il doit nous être permis de nous arrêter un moment. Sur le point d'exercer les augustes fonctions de l'épiscopat et de remplacer auprès de vous un prélat dont l'administration éclairée et bienfaisante vivra toujours dans votre mémoire, nous devons sentir avec effroi tout ce qui nous manque pour répondre à une telle destinée. Malheur, sans doute, à qui ne cherche dans les places que les misérables jouissances de la vanité, qui voit autre chose en elles que ce qu'elles sont en effet, des chaînes toujours redoutables; qui ne se dit pas sans cesse que, devenu homme public, il est comptable de toutes ses actions, de tous ses instants; qu'il ne peut plus être à lui, puisqu'il se doit à tous; que chacun des nouveaux droits qu'il acquiert n'est réellement qu'un nouveau devoir; qu'enfin les droits sont réciproques, et que lorsqu'on a reçu celui d'exercer une portion quelconque de l'autorité, on ne doit cesser un instant de voir dans ceux qui s'y sont soumis le droit non moins réel d'exiger qu'elle soit exercée toujours avec justice et modération.

« C'est à vous, N. T. C. F., qu'il importe particulièrement que ces principes soient à jamais gravés dans notre cœur, et surtout que nos actions vous les expriment dans tous les temps. C'est à vous aussi que nous recourons aujourd'hui. La religion nous a appris que tout don parfait vient d'en haut, que ce n'est qu'à l'aide des grâces que sa bonté divine nous dispense qu'on peut remplir dignement sa vocation. Unissez donc en ce moment vos prières, vous tous qui formez des vœux pour le bonheur de ce diocèse, vous surtout, âmes pures et innocentes, qui, à l'abri du monde et de ses tristes erreurs, coulez vos jours heureux dans l'habitude d'une sainte communication avec Dieu. Demandez-lui, et demandez-lui avec instance, qu'il nous accorde et qu'il nous conserve cette pureté d'intention qui ne veut que le bien, la piété *qui est utile à tous*, l'esprit de discernement qui choisit les temps et les moyens, et la douceur qui prépare les esprits, et la force qui résiste aux obstacles, et la bonté qui le plus souvent les prévient, et particulièrement cette inaltérable justice qui peut-être comprend tout, qui est la grande dette de tout dépositaire du pouvoir, et qui est l'éternelle amie de la paix.

« Pourront MM. les curés faire lecture au prône de la présente lettre pastorale.

« Donné à Paris, le 26 janvier 1789.

« † CHARLES MAURICE,

Évêque d'Autun.

« Par Monseigneur :

« VALLETAT, *secrétaire.* »

La lettre est faite avec une habileté extrême. Son mandement fit très bon effet sur les prêtres du diocèse d'Autun. Si la renommée leur avait appris que leur jeune évêque n'avait pas offert jusque-là toutes les garanties canoniques désirables, ils se prirent toutefois à espérer que tout se passerait avec décence et régularité sous son administration.

Le clergé d'Autun était élevé aussi par Messieurs de Saint-Sulpice. Il avait pieusement conservé la mémoire de M. Levayer, supérieur du séminaire de Cambrai, précédemment à Autun, qui assista Fénelon à ses derniers moments. Le passage du mandement relatif à l'illustre archevêque et à la communauté de Saint-Sulpice, était plus qu'un effet oratoire. Il était aussi un moyen de gagner les cœurs de ses prêtres qui allaient devenir ses électeurs, et lui ouvrir enfin les portes de la vie politique vers laquelle le poussaient ses goûts, ses aptitudes, ses talents, ses dernières études, son profond bon sens et son discernement prodigieux des hommes et des choses.

V

L'ÉVÊQUE D'AUTUN

(mars 1789-février 1791)

L'abbé de Périgord fut installé le 15 mars 1789 dans son évêché, où il était arrivé trois jours auparavant.

Un des vicaires généraux qu'il confirma dans ses fonctions, se nommait François-Marie-Aurèle de Varèze et appartenait à la famille Bonaparte.

Quel hasard l'avait conduit à Autun? Charles Bonaparte, député de la Corse à la cour de France, trouva en lui un protecteur pour ses deux fils, Joseph et Napoléon, qui furent placés au collège de la ville en 1777. Napoléon y passa près de deux années, car il n'entra que le 23 avril 1779 à l'école de Brienne.

Entre le maître tout-puissant et son principal ministre, le souvenir d'Autun dut être évoqué plus d'une fois.

Son arrivée coïncida avec la convocation des électeurs, chargés d'envoyer des députés aux états généraux. Dès le commencement d'avril, le clergé des bailliages d'Autun, Montcenis, Semur-en-Brionnais et Bourbon-Lancy se réunit au petit séminaire.

Le jeune évêque s'y rendait chaque jour pour converser avec ses électeurs, et leur exposait avec une lumineuse clarté, dans la langue philosophique la plus pure, l'ensemble des réformes qu'il était du devoir de la nation de demander.

« Pour le maintien inaltérable de la propriété, disait-il dans son projet, il sera déclaré que tout ce qui porte ce caractère sera éternellement sacré, et pourtant on examinera si parmi les objets qu'on réclame à ce titre il n'en est pas qui n'ont jamais pu être une propriété, comme présentant une violation constante du droit naturel; ou s'il en est qui, étant une propriété dans le principe, ont dû cesser de l'être par l'anéantissement ou l'inexistence actuelle de la cause à laquelle ils étaient liés. Quant aux propriétés certaines, dans le cas où plusieurs seront déclarées abusives, il sera déclaré que la Nation elle-même ne peut les attaquer qu'en accordant un dédommagement rigoureusement proportionnel. »

Ne croit-on pas voir en germe dans cet exposé la séance de nuit du 4 août et la fameuse motion du 10 octobre sur les biens du clergé?

Il passe toutes les questions en revue, et dans quel style net et concis!

« Les privilèges exclusifs accordent à un, ce qui appartient à tous. »

. . . .

« La liberté d'écrire ne peut différer de celle de parler; elle aura donc la même étendue et les mêmes limites; elle sera donc assurée, hors les cas où la religion, les mœurs et les droits d'autrui seraient blessés; surtout elle sera entière dans la discussion des affaires publiques, car les affaires publiques sont les affaires de chacun. »

Il est déjà en possession de sa manière. Il procède par traits incisifs qui se gravent dans l'esprit comme un dialogue de Beaumarchais. Trente-deux ans plus tard, à la Chambre des pairs de la Restauration, il dira sur le même ton :

« De nos jours, il n'est pas facile de tromper longtemps. Il y a quelqu'un qui a plus d'esprit que Voltaire, plus d'esprit que chacun des directeurs, que chacun des ministres passés, présents, à venir : c'est tout le monde. »

« La constitution une fois bien établie, les principes conservateurs de la propriété et de la liberté étant bien reconnus, et les principales réformes relatives aux objets fondamentaux consommées, ou du moins bien assurées, les membres de l'assemblée du clergé d'Autun pensent que les états généraux doivent prononcer sur le déficit et sur l'impôt. »

Il parle des effets incalculables d'une banque nationale bien organisée, bien dirigée, et d'une caisse d'amortissement.

« Détruire sans retour, poursuit-il, toute espèce de privilèges en matière d'impôts, et effacer par conséquent toutes les dénominations flétrissantes que l'on a attachées jusqu'à ce jour à certaines contributions, comme s'il avait pu jamais être avilissant d'obéir à la loi, et de faire un acte de citoyen. Convertir le plus possible en impôts les charges publiques, jusqu'à présent supportées par un seul ordre, telles que corvées, milices, logements de gens de guerre ; il est de première justice de les faire supporter par tous. »

Les prêtres des quatre bailliages n'avaient probablement pas vu encore une aussi grande variété d'aptitudes dans un membre de leur ordre ; et cet évêque de trente-cinq ans, qui parlait sur tout avec une compétence sans pareille, était aimable, souple, caressant, insinuant. En lui, nulle ombre de hauteur ni de morgue.

On se trouvait vers la fin du carême, dont les prescriptions étaient autrement rigoureuses qu'aujourd'hui. Le jeune évêque se préoccupa de la table de ses électeurs et, par ses soins, la marée arriva en poste à Autun. Le souvenir de la raie au beurre noir préparée par son cuisinier s'est transmis dans le clergé de son diocèse. C'est à Autun même que je l'ai appris.

Le dernier acte qu'il y signa porte la date du 11 avril. La tradition locale raconte qu'il partit le lendemain, jour de Pâques. Peut-être voulait-il éviter un office pontifical qui l'eût embarrassé.

Ainsi, son passage dans sa ville épiscopale qu'il ne revit plus, et à laquelle il imposa d'une manière ineffaçable la célébrité de son nom, fut juste d'un mois.

VI

A L'ASSEMBLÉE CONSTITUANTE

Il est enfin en pleine lumière, sur le théâtre de la politique, sa vraie vocation. Pendant trois années le nom de l'évêque d'Autun va retentir d'un bout du royaume à l'autre, avec ceux des plus grands inspirateurs de la Constituante.

Il arrive aux affaires, admirablement préparé, bien autrement que les hommes les plus distingués de son ordre, les Boisgelin, les Lefranc de Pompignan, les la Luzerne, les Montesquiou, ses anciens collègues des assemblées du clergé. Détail à noter, car il montre le point de départ de la Révolution :

pendant les semaines qui précédèrent la réunion définitive des trois ordres — 6 mai, 27 juin — le clergé conserva dans sa chambre séparée ses coutumes des Grands-Augustins, inaugurant ses séances du matin par la messe et l'invocation au Saint-Esprit. Seul des trente-trois prélats présents, l'évêque d'Autun sentait qu'il ne s'agissait plus maintenant de simples réformes, et qu'on marchait à une révolution. L'aveuglement des prélats frappa le marquis de Ferrières.

« La chambre du clergé, dit-il, presque entièrement composée de curés, détestait également les évêques et la noblesse, et désirait en secret s'unir au tiers. Les évêques, loin de chercher à ramener les curés par des égards, par des services, et de tendre à se confondre avec eux, comme membres du même ordre, les tenaient à une distance humiliante; toujours montés sur la morgue épiscopale, ils affectaient des distinctions, exigeaient des respects, et avaient dans leur propre chambre un banc séparé. »

Dès les premières séances de l'Assemblée

nationale, le 7 juillet, l'évêque d'Autun y prend une position prépondérante, et prononce un discours pour demander que tous les mandats impératifs des bailliages soient déclarés nuls, la plupart des membres du côté droit se retranchant derrière eux pour entraver la marche en avant. Le *Moniteur* constate que sa harangue, écoutée dans le plus grand silence, fait une profonde impression sur l'Assemblée, qui la couvre d'applaudissements. Le 18 août, il est nommé secrétaire avec Mathieu de Montmorency et l'abbé de Barmond; le 31, il obtient déjà 228 voix pour la présidence; le 15 septembre, il est élu membre du comité de constitution, le quatrième de la liste, avec Thouret, Sieyès, Target, Desmeuniers, Rabaud-Saint-Étienne, Tronchet et le Chapelier.

Enfin, dans la séance du matin, du samedi 10 octobre, il développa à la tribune sa motion relative à l'aliénation des biens du clergé.

Déjà, au milieu de l'effervescence qui avait suivi la nuit du 4 août, l'Assemblée avait entendu, le 8 août, une motion identique faite par le marquis de la Coste, député du bailliage de Charolles. L'obscurité du député avait nui sans doute à sa proposition, appuyée cependant par Alexandre de Lameth, et elle n'avait pas été accueillie. Peut-être aussi, les esprits n'étaient pas encore assez familiarisés avec cette idée.

Le marquis de Ferrières, membre du côté droit, témoin délié des événements auxquels il assistait, a donné dans ses *Mémoires* la physionomie de la séance où l'évêque d'Autun fit la proposition fameuse qui commença sa rupture avec l'Église :

« Les révolutionnaires reprirent le grand projet de la spoliation du clergé. L'évêque d'Autun reproduisit la motion oubliée du marquis de la Coste. Il proposa de déclarer que tous les biens ecclésiastiques appartenant à la nation, sous la charge d'assigner les revenus nécessaires à l'entretien des autels et des ministres, nul curé ne pourrait avoir moins de 1,200 livres, sans y comprendre le logement; la nation prendrait sur elle le traitement des ecclésiastiques, se chargerait des hôpitaux, des collèges, et remplirait ainsi les intentions des fondateurs. L'évêque d'Autun entrant ensuite dans le développement de son plan, dit que 80 millions seraient affectés au service du culte catholique, que la nation payerait les dettes du clergé; que les biens-fonds mis en vente produiraient un capital de 2 milliards et 100 millions; que la dette publique étant de 224 millions, on en rembourserait 131 et que l'Etat se trouverait liquidé.

« Je ne saurais rendre l'effet que produisit sur le clergé la lecture du projet de l'évêque d'Autun, et plus encore les applaudissements avec lesquels les révolutionnaires et les *capitalistes* l'accueillirent. Le clergé ne s'abandonna pas cependant lui-même dans cette fâcheuse conjoncture, et se ralliant à la noblesse, aussi intéressée que lui à cette spoliation, l'un et l'autre résolurent de faire la défense la plus vigoureuse.

« Les abbés de Rastignac et d'Aymar combattirent le projet de l'évêque d'Autun, présentèrent son injustice, son danger pour la religion. On livrait ses ministres à toutes les incertitudes de la volonté d'une nation déjà peu attachée à son culte. — Il ne nous reste plus, s'écria douloureusement l'abbé de Montesquiou, qu'à pleurer sur le sort de la religion. — Vous voulez donc plonger dans l'indigence vingt mille de vos concitoyens! reprit l'abbé Maury. Exigez le quart, la moitié de notre revenu, nous l'accorderons avec joie : mais n'aliénez pas nos capitaux, ne détruisez pas à jamais une ressource qui peut dans la suite vous être utile et que vous vous repentirez d'avoir épuisée. »

Dans ces débats, l'abbé Maury malmena fort « le plus jeune évêque du royaume », c'est ainsi qu'il désignait l'auteur de la proposition. Il le prit surtout à partie dans la séance du 13 octobre. L'emprunt de 30 millions demandé par Necker n'avait pas été souscrit.

« La conduite des agioteurs, dit l'abbé Maury, nous paraissait inexplicable, quand la motion de l'évêque d'Autun nous a tout à coup dévoilé leur dessein. La ruine du clergé était leur grande spéculation. Ils attendaient cette riche proie qu'on leur préparait en silence. Déjà ils dévoraient en idée nos propriétés qu'ils se partageaient dans leurs projets de conquête. Ils attendaient que la vente des biens de l'Église fît monter au pair tous les effets publics et augmentât subitement leur fortune d'un quart, tandis que nous offrions tous le quart de notre revenu. Cette régénération du papier au profit des agioteurs et des étrangers, ce scandaleux triomphe de l'agiotage était le bienfait qu'ils briguaient auprès des représentants de la nation. Les juifs venaient à leur suite avec leurs trésors, pour les échanger contre des acquisitions territoriales. Ils achèvent de démasquer la conspiration, en vous demandant, messieurs, dans ce moment même, un état civil, afin de conquérir à la fois le titre de citoyen et les propriétés de l'Eglise. »

L'évêque d'Autun ne répondit pas à ces attaques personnelles. Homme d'État aux vues larges et perçant l'avenir, plein de ressources dans l'esprit, calme, froid, se possédant toujours, il n'était guère fait pour les luttes de la tribune qui, avec des tempéraments comme celui de l'abbé Maury, dégénéraient parfois en mêlées. Le duc de La Rochefoucauld, que le fougueux abbé prit un jour par les épaules et repoussa violemment de la tribune, l'avait appris à ses dépens. Du reste, il s'était, depuis sa jeunesse, armé de cette cuirasse d'impassibilité contre laquelle les injures, les outrages même les plus sanglants devaient désormais s'émousser.

Le hasard l'avait placé à la tête d'un diocèse dont les prêtres se distinguaient par leur instruction et leur régularité. Les pieux directeurs de Saint-Sulpice, ses anciens maîtres aussi, n'avaient pas perdu toutes leurs peines dans l'éducation du clergé d'Autun. On comprend alors avec quelle stupeur, six mois après lui avoir confié le mandat de les représenter, ses prêtres lurent le compte rendu de la séance du samedi matin 10 octobre, et les allusions très claires de l'abbé Maury à ses habitudes connues d'agiotage, qu'ils purent croire, d'après lui, le mobile unique de sa motion.

Le chapitre de l'église cathédrale se fit l'interprète de leurs sentiments et lui envoya une adresse où les plus dures vérités se trouvaient enveloppées encore de formes à peu près respectueuses :

« Nous rejetons avec horreur les imputations calomnieuses de vos ennemis qui vous peignent comme un transfuge de votre ordre, lié par des rapports de passions et d'intérêts aux esprits turbulents et pervers. Ils vont même, vos détracteurs, jusqu'à vous supposer aux gages des traitants avides qui ont fait des spéculations impies sur les biens de l'Église, et qui, vous associant d'avance au partage de ses dépouilles, vous dédommageront avec usure des sacrifices personnels que vous faites, en provoquant la spoliation du clergé. »

Que pouvait-il répliquer? Il garda le silence; il n'était pas homme à se justifier, par paresse ou par dédain. Il attendait beaucoup du temps, lui aussi, comme Mazarin.

La part considérable qu'il avait prise à tous les actes de l'Assemblée, non moins que le tour habile et mesuré de sa parole, le désignèrent au choix de la majorité pour être son organe dans le manifeste qu'elle adressa à la nation, en février 1790. Le 16, quelques jours après, elle lui conféra un honneur très envié et que Mirabeau n'obtint que bien plus tard. Il fut élu président par 372 voix ; 125 se portèrent sur l'abbé Sieyès; il y eut 125 voix perdues. L'évêque d'Autun venait le dix-neuvième sur cette liste d'hommes remarquables qui dirigèrent les débats de la première et de la plus illustre de nos assemblées. Le même jour, M. de Champagny, qui devait lui succéder au ministère des affaires étrangères de l'Empire, prit place au bureau des secrétaires. Un autre de ses successeurs, alors journaliste, rédigeait le bulletin de l'Assemblée pour le *Moniteur :* c'était Maret.

J'ai voulu retracer uniquement, dans cette étude, la vie ecclésiastique du prince de Talleyrand, complètement négligée par ses biographes. Sa carrière d'homme d'État a été trop éclatante, l'objet de tant et de si diverses publications, qu'il me paraît oiseux d'y revenir encore. Son rôle à l'Assemblée constituante fut prépondérant, on le sait. Doué d'un véritable esprit encyclopédique, il toucha à tout : aux finances, à la constitution, aux lois sur l'enregistrement, les poids et mesures, même. Il proposa un vaste plan d'instruction publique, ayant à sa base l'école communale, et à son sommet l'Institut. Ce fut comme son testament à l'Assemblée. Elle allait se séparer (septembre 1791) lorsqu'il fit la lecture de son rapport, presque un livre. La lecture, qui remplit plus d'une séance, fut entendue jusqu'au bout avec la plus grande faveur. Marie-Joseph Chénier n'a pas craint d'appeler cet ouvrage « un monument de gloire littéraire où tous les charmes du style embellissent les idées philosophiques ».

L'archevêque de Narbonne lui avait adressé les mêmes félicitations, et à peu près dans les mêmes termes, pour son premier grand ouvrage, le procès-verbal de l'assemblée générale du clergé de 1785-1786.

Je vais montrer maintenant comment s'accomplit sans retour sa séparation avec l'Église.

VII

SA RUPTURE AVEC L'ÉGLISE

Arnault, qui fut secrétaire perpétuel de l'Académie française avant Villemain, a tracé dans ses *Souvenirs d'un Sexagénaire* un portrait piquant de l'évêque d'Autun en 1789 et dans cette année 1790. Le prélat avait trente-six ans :

« En juin 1789, me promenant à Versailles autour de la pièce d'eau dite des Suisses, j'avais remarqué un personnage qui, couché sous un arbre, *lentus in umbra*, paraissait plongé dans la méditation et plus occupé

5.

de ses idées que des idées d'autrui, bien qu'il eût un livre à la main.

« Sa figure, qui n'était pas sans charmes, m'avait frappé, moins toutefois par son agrément que par son expression, et par certain mélange de nonchalance et de malignité qui lui donnait un caractère particulier, celui d'une tête d'ange animée de l'esprit d'un diable; c'était évidemment celle d'un homme à la mode, d'un homme plus habitué à occuper les autres qu'à s'occuper des autres, d'un homme, malgré sa jeunesse, déjà rassasié des plaisirs de ce monde. Cette figure-là, je l'aurais prêtée à un premier page ou à un colonel en faveur, si la coiffure et le rabat ne m'eussent dit qu'elle appartenait à un ecclésiastique, et si la croix pastorale ne m'eût prouvé que cet ecclésiastique était un prélat.

« Le 14 juillet 1790, comme cinq cent mille curieux, j'assistais à la messe qui se célébrait en plein vent, quand sur un monticule élevé au centre de cette vaste arène, à l'autel où le divin sacrifice devait se consommer, au milieu des soldats et des lévites, la chape sur le dos et la mitre en tête, la crosse à la main, s'avance, *non du pas le plus ferme*, mais avec la plus ferme contenance, un évêque qui répand, avec une prodigalité toute patriotique, des flots d'eau bénite et de bénédictions sur le peuple, sur l'armée et aussi sur la cour.

« C'est l'abbé de Périgord! C'est l'abbé de Talleyrand! C'est l'évêque d'Autun! » disait-on.

« Sa physionomie m'expliqua sa conduite, et sa conduite m'expliqua sa physionomie.

« Chez qui que ce soit, jamais le physique et le moral ne se sont mieux accordés. »

Est-il vrai que, passant à côté de La Fayette, debout au pied de l'autel, en sa qualité de général de la garde nationale, il ait murmuré à son oreille :

« Ah çà, ne me faites pas rire. »

Il avait auprès de lui son vicaire général et confident des Renaudes, qui remplissait les fonctions de diacre (il fut plus tard conseiller à vie de l'Université), et l'abbé Louis, qui fut ministre des finances sous la Restauration.

« On souffre d'une semblable parodie, a écrit Sainte-Beuve. Religion à part, l'honnêteté se révolte. Je laisse les paroles indignes et cyniques qui passent pour avoir été échangées à l'autel même, et que le souffle de l'impure légende a portées jusqu'à nous, mais j'ose dire que ce n'est point impunément qu'une constitution nouvelle, fût-elle la meilleure, s'inaugure devant tout un peuple par une momerie ou un sacrilège. Tout le vice du dix-huitième siècle est là : il y avait dès le premier jour un ver au cœur du fruit. »

*
* *

L'état ecclésiastique qu'on lui avait imposé, et pour lequel il n'était pas fait, lui devenait de plus en plus pesant, quoiqu'il se fût affranchi de ses obligations. De sentiments religieux, il n'en témoignait pas l'ombre. Pendant lès quatre ou cinq jours que dura l'agonie de Mirabeau, l'évêque d'Autun le visita assidûment. Entre ces deux hommes, il ne fut échangé ni une idée religieuse, ni une idée philosophique. Le tribun, voyant les regards de la nation fixés sur lui, s'arrangea pour finir comme un roi de tragédie, et l'évêque se contenta de faire un mot sur l'attitude théâtrale que s'était donnée son ami expirant : « Mirabeau a dramatisé sa mort. »

Dès 1790, l'évêque d'Autun entrevoyait sans doute le moment où il lui serait possible d'abandonner l'Église. L'ancien ordre de choses était à jamais condamné. Un nouvel horizon se découvrait à lui. Il sentait qu'il se ferait une grande place dans les affaires, dans la politique, où ses talents avaient reçu la plus brillante consécration. Si le roi était amené à prendre ses minis tres dans l'Assemblée, il se trouvait naturellement désigné à son choix par l'éclat de ses travaux. Il n'avait donc pas besoin de dissimuler plus longtemps, il voulut sa rupture complète, irrémédiable, et saisit au vol toutes les occasions qui s'offrirent à lui pour déchirer le reste d'habit ecclésiastique qu'il traînait dans tous les mondes parisiens, des coulisses de la Bourse aux coulisses de l'Opèra.

A l'ouverture de la séance du mardi 28 décembre 1790, il prêta serment, sans restriction, à la constitution civile du clergé. Gobel, évêque de Lydda, suivit son exemple le 2 janvier 1791. Sur les trois cents membres de son ordre à l'Assemblée, soixante et onze curés et deux évêques — ils étaient trente-trois — prêtèrent serment. Dans tout le royaume, il ne se trouva que six prélats qui se soumirent aux décrets de l'Assemblée : le cardinal de Loménie et son neveu, coadjuteur de Sens ; de Jarente, évêque d'Orléans, de Savines, évêque de Viviers, de Bonneval, évêque de Pamiers, et Miroudot, évêque *in partibus* de Babylone. Les cinq sixièmes des prêtres restèrent fidèles à la tradition catholique. L'Église de France s'était retrempée dans la persécution et la pauvreté menaçantes, confirmant l'éloquente parole de Montlosier : « C'est avec des croix de bois que les évêques ont conquis le monde ».

Le clergé d'Autun fut peut-être, de tous, celui qui se laissa le moins entamer par le schisme. La manière dont il rompit avec son évêque mérite d'être connue. Talleyrand l'avait engagé dans une lettre, la *dernière*, à se soumettre aux décrets de l'Assemblée. Ses prêtres lui répondirent, non plus dans la forme encore polie qu'avaient employée ses vicaires généraux, après la motion du 10 octobre, mais sans ménagement

Cette pièce, qui existe parmi les imprimés de la Bibliothèque nationale, ne porte malheureusement pas de date.

L'effet suivit les paroles. Le 23 février 1791, le clergé de la ville d'Autun, invité par la municipalité à prêter le serment, se montra inébranlable dans son refus, et ne vit pas une seule défection dans ses rangs. Il y avait dans la ville sept curés, quatre vicaires, un collège dirigé par les prêtres de l'Oratoire, deux séminaires dirigés par les prêtres de Saint-Sulpice, un aumônier de l'hôpital et six vicaires généraux, MM. Demiramont, de Grandchamp, Drouas, Pinot, Lemaistre, de Changy et Saulnier. Ce dernier se trouvait debout et plein de verdeur en 1801, au moment du Concordat. Pendant vingt années, il instruisit encore au grand séminaire les diverses générations de prêtres du diocèse.

Le 13 février étant un dimanche, le calme régna dans toutes les églises, comme à l'ordinaire. La municipalité se conduisit avec beaucoup de sagesse et invita les « fonctionnaires ecclésiastiques » à continuer leurs fonctions jusqu'à leur remplacement.

Le même jour, les électeurs assemblés à Mâcon pour le choix d'un évêque de Saône-et-Loire nommèrent l'abbé Gouttes membre de l'Assemblée nationale.

*
* *

L'évêque d'Autun dut compléter son œuvre, et éditer à nouveau la comédie sacrilège du champ de Mars, en donnant la consécration aux premiers évêques élus selon la nouvelle forme. L'église constitutionnelle allait l'avoir pour pierre angulaire! M. de Jarente, évêque assermenté d'Orléans, recula devant le scandale. Talleyrand fit un nouveau sacrifice à la Révolution et s'exécuta. Des règles précédemment observées et dont on mettait de côté la principale — l'institution canonique par le pape — on conserva celle de la présence de trois prélats.

Où trouver les deux assistants?

Le seul des membres du haut clergé qui eût *juré* avec lui à l'Assemblée, était Gobel, évêque de Lydda, député des bailliages de Belfort et d'Huningue, suffragant de l'évêque de Bâle, pour la partie de son diocèse située en France. Il était alors âgé de soixante-quatre ans. Lorsqu'il prêta le serment, Gobel tenta de le faire avec quelque restriction. Ce n'était pas, au début, un révolutionnaire bien fougueux.

Dans la liste des diocèses français de l'ancienne monarchie, qui parut pour la dernière fois dans l'*Almanach royal* de 1790, on trouvait, à la suite des évêques de Corse, un évêque *in partibus* de Babylone, nommé Jean-Baptiste Dubourg-Miroudot, en fonctions depuis quinze années. C'est tout ce qu'on en sait. La fin dramatique de Gobel, devenu évêque de Paris, est connue, mais il est à croire que l'évêque de Babylone disparut dans la tourmente sans laisser d'autres traces de son passage.

« Ces noms mêmes de Lydda et de Babylone prêtaient à la farce, » dit Sainte-Beuve.

Assisté de ces deux personnages, Talleyrand procéda, le 24 février 1791, aux longues cérémonies du sacre des deux évêques de Soissons et de Quimper, dans l'église de l'Oratoire de la rue Saint-Honoré.

Aux préventions assez générales qui s'élevaient contre eux, les évêques assermentés ajoutèrent le travers de la vanité et de l'ostentation, inhérents aux parvenus.

Lisez ce paragraphe de la séance de l'Assemblée du jeudi matin 24 février, dans le *Journal de Fontenoy* :

« Deux nouveaux évêques constitutionnels, MM. Marolles et Expilly, après avoir reçu la consécration canonique de MM. les évêques d'Autun, de Lydda et de Babylone, se sont rendus ce matin à l'Assemblée, au milieu d'un grand cortège, précédés d'une musique guerrière. Ces messieurs, décorés de leurs croix épiscopales, ont été accueillis dans la salle par des applaudissements du côté gauche et des galeries. »

Trois jours après, le dimanche 27 février, au même Oratoire, M. Saurine, évêque de Dax, département des Landes, fut sacré par l'évêque de Lydda, assisté des deux nouveaux évêques de Soissons et de Quimper. Ces messieurs allaient se sacrer entre eux, au milieu de l'indifférence ou des rires des Parisiens.

« Messieurs, écrit le 27 février un abonné de l'*Ami du roi* aux rédacteurs, je viens de rencontrer un évêque de la nouvelle église qui, décoré des habits et marques de sa nouvelle dignité, était dans la crotte au milieu du Pont-Neuf ; il sortait de la fabrique (du sacre). Il était conduit chez lui, au milieu des boues ; en tête du cortège était une musique militaire. A sa gauche (c'est le bon côté) était un honorable membre, Me Treilhard. Un domestique de louage, au grand scandale des peuples, portait la queue de Son Excellence. Ce domestique ricanait et se cachait la figure avec un gros bouquet. La marche était terminée par un carrosse, fiacre, ou remise fort sale ; le peuple était ébahi. Sa Grandeur, fort embarrassée de sa personne, avait l'air de consulter Me Treilhard sur ce qu'on devait penser du froid accueil de la Nation. On se demandait quel était cet évêque ? Les uns disaient : « C'est l'évêque de Versailles ; plus généralement on s'accordait pour dire que c'était l'évêque de Dax. » On disait : « Il lui faudrait un écriteau pour désigner son département. S'il venait une bonne averse, disait l'autre, cela lui laverait la tête. »

Le dimanche, 6 mars, la séance du matin allait être levée, lorsque MM. Gouttes, Massieux, Royer et Laurent, évêques constitutionnels qui venaient d''être sacrés, se hâtèrent de venir montrer leurs croix pastorales à l'Assemblée, et s'en faire applaudir.

Les curés de l'Assemblée nationale formèrent le quart de l'épiscopat constitutionnel.

Un des quatre, l'abbé Gouttes, était nommé évêque de Saône-et-Loire. Talleyrand avait remis sa démission d'évêque d'Autun au roi, dans les premiers jours de février, ainsi que le constate la lettre suivante du cardinal Zelada, secrétaire d'État du pape Pie VI. Le 4 avril, le cardinal répond à une lettre des vicaires généraux d'Autun du 23 février :

« Vous paraissez craindre, en effet, que par la démission que votre évêque a remise entre les mains du roi, et l'abandon qu'il a fait de sa juridiction à un nouvel élu, vos pouvoirs ne fussent censés révoqués. Sa démission et la nomination d'un successeur sont sans doute essentiellement nulles, à défaut de l'autorisation du souverain pontife.

« Si le souverain pontife avait reçu des mains du roi la démission de votre évêque, il *n'aurait pas balancé un instant à l'accepter*, et à cet égard il se serait empressé de se rendre à vos vœux. Votre évêque, en effet, a ajouté à toutes les fautes dont il s'était rendu coupable un attentat sacrilège en imposant les mains à Paris, le 24 février dernier, aux deux intrus de Quimper et de Soissons. Il est hors de doute que, par là même, il a encouru la peine de suspense pour toutes les fonctions de son ordre. Rien ne serait donc plus à désirer qu'une démission volontaire de sa part, puisqu'à tant de titres il a mérité d'être déposé; mais comme sa démission, toute publique qu'elle est, n'a pas été notifiée à Sa Sainteté d'une manière légale et authentique, elle ne croit pas devoir encore s'expliquer, ni sur cette démission elle-même, ni sur la peine de déposition qu'il est dans le cas de subir. »

Le successeur de Talleyrand à l'évêché d'Autun, l'abbé Gouttes, était, au moment de la Révolution, curé d'Argilliers près d'Uzès. Recommandé par sa bonne conduite, son éloquence, sa tolérance et son désir de voir améliorer le sort des classes laborieuses, il fut envoyé par les électeurs ecclésiastiques de la sénéchaussée de Béziers à l'Assemblée nationale. Son rôle y fut très actif, et il n'est guère de discussions auxquelles il ne prît part. L'abbé Gouttes occupa le fauteuil de la présidence le 29 avril 1790, quelques semaines après Talleyrand. Il fut le vingt-quatrième président élu.

Toutes ses qualités ne lui donnèrent pas plus de prestige auprès du clergé du diocèse qui lui était échu. Les curés de Saône-et-Loire répondirent à sa lettre pastorale en refusant de reconnaître son autorité. Leur exposition est toute théologique et il ne s'y trouve pas de passage saillant à citer. L'abbé Gouttes, qui était un homme de cœur, s'éleva avec énergie contre les excès des ultra-révolutionnaires « qui souillaient de tant de sang la belle cause de l'émancipation des peuples et de la liberté générale ». Il périt sur l'échafaud dix-neuf jours avant Gobel, tombé, lui, dans les doctrines hébertistes (26 mars 1794).

Talleyrand avait installé Gobel dans le siège épiscopal de Paris, vacant par le refus de prestation de serment de son titulaire, M. de Juigné. Le bruit avait couru qu'il aspirait lui-même à cet évêché ; à cette nouvelle, il y eut un déchaînement inouï dans la presse contre lui. Mille accusations dégradantes coururent sur son compte ; on lui imputait notamment de fréquenter les maisons de jeu, et d'y avoir gagné six ou sept cent mille livres. La violence des attaques fut telle qu'elle ébranla son impassibilité systématique. Il consentit à entrer en composition avec l'opinion et écrivit le 8 février 1791 à la *Chronique de Paris* la lettre célèbre où, après avoir décliné toute prétention à l'évêché de Paris, il s'excusa d'avoir gagné de grosses sommes au jeu :

« Voici l'exacte vérité, disait-il, j'ai gagné en six mois, non dans des maisons de jeu, mais dans la société, ou au club des échecs, environ trente mille francs. Je rétablis ici l'exactitude des faits, sans avoir l'intention de les justifier. Le goût du jeu s'est répandu d'une manière même importune dans la société. Je ne l'aimai jamais, et je me reproche d'autant plus de n'avoir pas assez résisté à cette séduction ; je me blâme comme particulier, et encore plus comme législateur, qui croit que les vertus de la liberté sont aussi sévères que ses principes.... Je me condamne donc et je me fais un devoir de l'avouer; car depuis que le règne de la vérité est arrivé, en renonçant à l'impossible honneur de n'avoir aucun tort, le moyen le plus honnête de réparer ses erreurs est d'avoir le courage de les reconnaître. »

« L'évêque d'Autun, s'écriait à cette occasion Camille Desmoulins, semble appelé à ramener tous les usages de la primitive Église et même la confession publique. »

*
* *

Les haines des royalistes et du clergé fidèles le poursuivaient sans merci. Leurs journaux le criblaient d'épigrammes et faisaient rire la galerie à ses dépens. Il avait été, racontaient-ils, brûlé en effigie à

Rome; le pape Pie VI l'avait excommunié.

Les échos de ces polémiques se retrouvent dans une lettre de Rome, du 2 mai 1791, insérée au *Moniteur universel*, le 28.

« Rome, 2 mai.

« Le séjour de Mesdames[1] est agréable au peuple romain, et plus encore au cardinal de Bernis. Elles sont descendues chez M. le cardinal qui, après avoir été à leur rencontre, était vite revenu pour les recevoir. M. de Bernis observe l'étiquette avec tout le scrupule de son âge; il en égaye la monotonie avec toutes les ressources de son esprit. C'est un fond de la cour de Louis XIV avec quelques ornements de l'hôtel de Rambouillet. On ne peut pas mériter plus de faveur et mieux se ressouvenir qu'on lui doit tout.

« On dit que Mesdames ont prévenu M. de Bernis qu'elles ont pris leurs précautions avant leur départ, pour se charger seules de la dépense et des honneurs de leur maison, même en occupant la sienne. Le Saint-Père a été visité, et a fait plu-

1. *Mesdames, filles de Louis XV, tantes du roi.*

sieurs visites à Mesdames. Ce n'a pas été un médiocre plaisir que de rencontrer ici LL. MM. Siciliennes..... Les jours se passent en promenades de curiosités, en splendides repas, et de temps en temps en conversations.

« On vous aura sûrement fait, en France, la description d'une fête que M. le cardinal de Bernis a donnée à Mesdames et au Saint-Père. C'était un ingénieux *auto-da-fé* en artifice. M. de Talleyrand, évêque d'Autun, revêtu d'une Déclaration des Droits, en *san-benito*, portant ces mots sur le cœur : LIBERTÉ DU CULTE. Le costume d'*auto-da-fé*, bien observé. La petite image a fait cent tours, cent génuflexions très amusantes, des angoisses imitées à ravir. Enfin, Mesdames ont beaucoup ri et le pape a été charmé.

« Eh bien ! ce joli divertissement qu'il était bien naturel d'imaginer, pour répondre au Palais-Royal, où vous grillez le Saint-Père, n'est qu'un conte. Le récit qu'on vous en a fait, nous reviendra pour nous en donner la fantaisie, et la pièce aura réussi à Paris, avant d'avoir été jouée à Rome. »

Quant à l'excommunication, le *Moniteur*

du dimanche 1er mai 1791 contient la note suivante :

« De Paris, le 1er mai.

« Le bref du pape est arrivé jeudi dernier. M. Talleyrand-Périgord (*sic*), ancien évêque d'Autun, est suspendu de toutes fonctions et excommunié après quarante jours, s'il ne revient pas à résipiscence. La plus grande partie en est dirigée contre ce citoyen. »

*
* *

Dumont, de Genève, l'a peint à ce moment même de 1791. Talleyrand avait alors trente-sept ans.

« Je ne sais s'il n'avait pas un peu trop l'ambition d'imposer par un air de réserve et de profondeur. Son premier abord en général était très froid. Il parlait très peu : il écoutait avec une grande attention. Sa physionomie, dont les traits étaient un peu gonflés, semblait annoncer de la mollesse, et une voix mâle et grave paraissait contraster avec cette physionomie.

. . . .

« Dans l'intérieur de sa société, il était tout

autre et le prolongeait (le plaisir de la conversation) bien avant dans la nuit; familier, caressant, attentif et aux petits soins pour plaire, il se rendait facile à vivre par une sorte d'épicurisme et voulait être amusant pour être amusé. Il ne se pressait jamais de parler, mais il choisissait ses expressions et disait des choses fines qui n'étaient bien senties que par des personnes exercées à l'entendre. C'est de lui qu'était le mot qu'on a trouvé cité par Chamfort, lorsque Rulhière disait : « Je ne sais pourquoi j'ai la réputa-
« tion d'être méchant, je n'ai fait qu'une
« méchanceté dans ma vie. »

« L'évêque d'Autun qui ne s'était point encore mêlé de la conversation, lui dit avec sa voix sonore et son ton significatif :

« Quand finira-t-elle? »

« Un soir, jouant au whist, on parla d'une lady de soixante ans, qui venait d'épouser une espèce de valet de chambre.

« L'évêque d'Autun dit :

« A neuf, on ne compte plus les honneurs. »

« Ce genre d'esprit lui appartenait. Il le tenait de Fontenelle, qu'il aimait beaucoup.

« Il me racontait une infamie de son collègue C..., sur laquelle je m'indignai.

« Je lui dis : « L'homme qui a pu faire
« cela est capable d'assassiner.

« — D'assassiner, non, répondit-il froidement, mais d'empoisonner, oui. »

« Sa manière de raconter était pleine de grâce. C'était un modèle de bon goût en conversation. Indolent, voluptueux, né pour la fortune, né pour la grandeur, il a su toutefois, dans son exil, s'accoutumer à une vie simple, aux privations, et partager avec des amis la seule ressource qu'il eût sauvée de France, les débris d'une superbe bibliothèque qui se vendit très mal, parce que l'esprit de parti empêcha, même à Londres, le concours des acheteurs. »

*
* *

Quel beau recueil on ferait de ses mots!

C'est aussi à Dumont, de Genève, qu'il dit :

« Le duc d'Orléans a été le vase dans lequel on a jeté toutes les ordures de la Révolution. »

« Mirabeau a dramatisé sa mort. »

Il paraît qu'il est à Talleyrand aussi, le : « Je suis un vieux parapluie sur lequel il pleut depuis cinquante ans, » et que

M. Thiers a si souvent rappelé, qu'on l'en a cru l'auteur.

En 1830, il repoussa la République, et formula ainsi son opinion :

« Pourquoi la République? C'est une fille à marier. N'est-il pas plus sage de s'attacher le mari, d'abord »

Dans sa vieillesse, il définissait la Révolution qu'il avait si bien servie :

« La Révolution a désossé la France. »

*
* *

Son écriture était fine et les lettres étaient peu formées. Il n'usait guère de majuscules et dans toute une lettre on n'en trouve qu'une à « Monsieur ».

Il signait quelquefois : † *Ch. Mau. év. d'Autun;*

D'ordinaire, l'*év. d'Autun*, tout court;

Quand il fut président de l'Assemblée, l'*év. d'Autun prés.*

VIII

MADAME DE FLAHAUT

A cette époque de l'Assemblée constituante, la liaison de l'évêque d'Autun avec Mme de Flahaut était publique. Elle était une des filles de Mme Filleul, « la bonne amie » du célèbre financier Bouret. Les Filleul étaient de père en fils dans la domesticité royale ; ils furent successivement concierges des châteaux de la Muette et de Choisy. Les concierges des maisons royales étaient des sortes de bas officiers de la couronne. Un jour que Louis XV était à Choisy, le comte de Charolais y vint et Filleul lui demanda s'il voulait user de sa prérogative de prince du sang et servir le roi à table. Le prince se récusa, et Filleul eut l'honneur de présenter les plats à Sa Majesté.

On prétendait que des amours de passage de Louis XV avec Mme Filleul était née celle qui fut Mme de Flahaut. Mme Filleul avait déjà une fille, « la jolie et piquante Julie », qui épousa le marquis de Marigny, frère cadet de Mme de Pompadour.

Marmontel était un des familiers de mesdames Filleul et les accompagna aux eaux d'Aix-la-Chapelle, l'année même où la mère mourut. Il en parle avec détails, dans ses mémoires.

« M. de Marigny, dont la sœur était morte et qui, voulant se marier à son gré et pour son bonheur, avait épousé la fille aînée de Mme Filleul, notre idole à tous, la belle, la spirituelle, la charmante Julie. »

Malheureusement il ne dit mot de sa cadette, Adélaïde-Marie-Émilie. Du reste, elle ne faisait pas partie de ce voyage d'Aix. Adélaïde épousa le comte de Flahaut de la

Billarderie, de beaucoup plus âgé qu'elle, qui eut le grade de maréchal de camp et l'intendance, après Buffon, jusqu'en 1792, du Jardin du Roi,

M. et Mme de Flahaut étaient logés au Louvre. C'est là que Gouverneur Morris rencontra pour la première fois Talleyrand; c'est là qu'il le vit toujours. L'évêque d'Autun vivait dans l'*intimité* de Mme de Flahaut. Le mot est souligné par le diplomate américain qui, du reste, fait des révélations bien autrement précises sur cette liaison, dans la note suivante de son mémorial :

« 24 février 1791.

« A midi, je me promène jusqu'à ce que je sois bien fatigué; ensuite, je vais au Louvre pour y dîner. Mme (*de Flahaut*) est au lit, malade. En rentrant chez elle, hier soir, elle a trouvé sous enveloppe le testament de *son évêque* qui la fait son héritière. Elle juge de quelques mots qu'il a laissé échapper dans sa dernière conversation avec elle, qu'il est question pour lui de mourir; aussi a-t-elle passé la nuit dans une grande agitation et dans les larmes. M. de Sainte-Foix, qu'elle a fait réveiller à quatre heures du matin, n'a pu trouver l'évêque, celui-ci ayant couché hors de son domicile, près d'une église où il devait ce jour-là consacrer deux évêques nouvellement élus (les évêques de Soissons et de Quimper). On finit par apprendre qu'ayant reçu des menaces de mort réitérées, M. de Talleyrand avait craint qu'on ne le fît assassiner ce jour-là, et qu'il avait écrit cette lettre, mais en donnant des ordres pour qu'elle ne fût remise que dans la soirée, ayant l'intention de la reprendre s'il vivait encore avant la fin du jour, ce que son trouble lui aura fait oublier. »

A quelle époque remontait la liaison de l'évêque d'Autun avec la femme qui recevait ainsi sa dernière pensée, en cas de mort violente? Il y a là un problème historique qui intéresse notre génération.

Mme de Flahaut eut un fils, le 21 avril 1785; à cette époque, elle avait vingt-quatre ans, et l'abbé de Périgord, trente et un. Ce fils est celui que nous avons connu grand chancelier de la Légion d'honneur sous le second Empire, et qui est mort dans une extrême vieillesse, il y a quelques années seulement.

Personne n'ignore que le brillant colonel de Flahaut, attaché à l'état-major du prince de Wagram, fut aimé de la reine Hortense, et que de leurs amours naquit, le 23 octobre 1811, M. de Morny.

Si Talleyrand était vraiment le père de M. de Flahaut, on voit ce qu'il était à M. de Morny. Ce dernier se vantait du reste, dans le cercle de ses intimes, de l'avoir pour aïeul.

Toi dont ma mère osait se vanter d'être fille.

Il ajoutait qu'on le conduisait souvent, dans son enfance, chez le vieux diplomate.

Les derniers témoins de la vie du prince de Talleyrand m'ont dit avoir remarqué l'assiduité de M. de Flahaut à l'hôtel de la rue Saint-Florentin. Il en était un des familiers.

Se sentait-il chez son père?

Mme de Flahaut, devenue marquise de Souza par son second mariage, ne mourut qu'en 1836, deux années avant son ancien amant. C'est elle qui éleva son petit-fils.

On nage, dans cette histoire, en plein roman.

C'est peut-être un esprit humoristique de la famille de Doudan qui a mis dans la bouche du duc de Morny ces paroles d'un scepticisme féroce, colportées dans les salons, il y a vingt-cinq ans :

« Je nomme mon père comte, j'appelle ma fille princesse (*sa fille et celle de Mme Lehon*) ; je dis à mon frère, Sire ; j'ai le titre de duc, et tout cela est naturel. »

Qu'eût ajouté Doudan ou celui *des siens* qui a mis dans la bouche du duc de Morny le mot précité, s'il eût connu la légende de Louis XV et de Mme Filleul, ou s'il y eût simplement pensé ?

*
* *

Depuis que cette étude a paru dans les colonnes du *Figaro*, presque à l'état d'ébauche, — tant les développements que je lui ai donnés ont été considérables, — j'ai reçu de nombreuses lettres et communications, entre autres sur la filiation du duc de Morny.

Le comte de Flahaut qui fut guillotiné à

Arras, en 1793, avait deux frères. L'aîné, le comte d'Angiviller *la Billarderie*, émigra et passa une partie de son exil à Kiel et à Hambourg, où il mourut. C'était un gentilhomme sévère sur les principes d'honneur, une sorte d'Alceste. Son langage est rude quand il parle de sa belle-sœur, Adélaïde-Marie-Émilie, née Filleul.

D'une lettre écrite par lui, le 2 septembre 1804, à la comtesse de Neuilly à Hambourg, j'extrais les trois passages suivants qui me paraissent péremptoires sur la naissance de son neveu, le comte de Flahaut :

« Un enfant qui, joint à la certitude qu'il ne m'est rien, a le tort très étranger à lui, sans doute, d'être le fils d'une femme pour laquelle mon mépris est sans bornes.

. . . .

« Ce qu'avec le secours de la méchanceté et de la perfidie de la dame que vous savez, et de ses liaisons avec le *monstre mitré* qui fut son amant et qui est le père de cet enfant.

. . . .

« Qui me dit que par le moyen de son

ancien amant tout-puissant sur cette canaille, elle ne peut pas me précipiter dans des embarras? »

Le second frère du comte de Flahaut n'eut que des filles. Une d'elles, Mme de Capellis, fut la grand'mère du marquis de Lavalette, ministre de l'Empire. M. de Morny était donc aussi cousin de la main gauche, du marquis de Lavalette.

*
* *

Un autre correspondant m'écrit de Montélimar :

« Je crois que vous avez commis une erreur que j'ai entendu répéter bien souvent, lorsque vous dites qu'un vieil ami de la famille Beauharnais, sans enfants, avait consenti à donner son nom au nouveau-né.

« Je crois pouvoir vous assurer qu'il n'a jamais existé de famille de Morny : il m'a été impossible de trouver ce nom, même comme alliance, dans tous les nobiliaires imprimés, même dans celui de Rietstap qui mentionne les armoiries d'environ soixante mille familles nobles.

« L'acte de naissance de M. de Morny, dont j'ai une copie, a été inscrit le 22 octobre 1811, à la mairie du IIIe arrondissement de Paris :

« Claude-Martin Gardien, médecin et accoucheur, a déclaré que la veille il était né chez lui, rue Montmartre, 137, un enfant du sexe masculin, fils de Louise-Émilie Fleury, épouse de Jean-Hyacinthe DEMORNY (*sic*), propriétaire à Saint-Dominique, demeurant à Villetaneuse, près de Saint-Denis. »

« Je suis convaincu que Morny est un nom inventé. Je ne serais pas surpris qu'on l'eût emprunté à celui d'un des héros d'Ossian. Ses poésies étaient alors fort à la mode sous le premier Empire, et Napoléon y prit celui d'Oscar, qu'il donna au fils de Bernadotte, son filleul. »

*
* *

Mme de Flahaut ne fut pas la seule grande passion de l'évêque d'Autun, à cette époque. On lit dans le journal de misses Berry, amies d'Horace Walpole, à la date de 1791, ce passage sur ses amours avec Mme de Staël :

« Nous revînmes d'Italie à Paris, vers la fin d'octobre, et nous y trouvâmes l'ambassadrice de Suède, rue du Bac, dans tout le feu de sa passion pour Talleyrand. Nous soupâmes à son hôtel, invitées par son mari qui nous vit tous les jours. Quant à Madame, elle était trop occupée de sa passion pour s'apercevoir de notre existence. »

M. A. Pichot l'a reproduit dans ses *Souvenirs intimes sur M. de Talleyrand.*

IX

Telle fut, jusqu'à trente-sept ans, la vie de cet hommme qui a le rare privilège de tenir, depuis un siècle, la curiosité de tous, des lettrés et du peuple même, toujours en éveil, et de ne la lasser jamais. En lui les merveilleuses qualités du politique, les connaissances les plus vastes, les mieux ordonnées, unies à un bon sens parfait et imperturbable, furent contre-balancées, dès la première heure, par des vices profonds, des mœurs corrompues, l'impérieux besoin de se procurer de l'argent à tout prix. Il lui a été beaucoup pardonné à cause de son esprit. Il est resté pour les hommes l'un des types les plus accomplis du vicieux raffiné.

Le prince de Talleyrand a offert dans sa personne un exemple frappant de la loi d'hérédité, de l'atavisme, qu'on se plaît tant à rechercher aujourd'hui. Il comptait au nombre de ses aïeux le célèbre cardinal de Périgord qui joua, au quatorzième siècle, un rôle assez semblable au sien, au dix-neuvième. Pétrarque, son ami, disait qu'il trouvait plus beau de faire des papes, que de l'être lui-même. Quatre papes, Benoît XII, Clément VI, Innocent VI, Urbain V, lui durent leur élévation. Pendant plus de trente années (1331-1364), le cardinal de Périgord mit la main à toutes les affaire de l'Église et de l'Europe. Légat du Saint-Siège, il fit vainement entendre des paroles de modération au roi Jean, au moment où allait s'engager la bataille de Poitiers, ce Waterloo de l'ancienne monarchie. Plus tard, il travailla à sa délivrance, qu'il alla négocier auprès d'Édouard III à Londres, à la cour de l'empereur Charles IV, à Metz. On vit le cardinal diplomate sur tous les chemins que devait parcourir à son tour son arrière-neveu. Il aimait passionnément les arts. Son train de maison était d'un luxe inouï. Pour subvenir à ses dépenses, le cardinal de Périgord se livrait à des opérations commerciales! Il laissa, en mourant, plusieurs millions, une fortune énorme pour le temps.

Le prince Charles-Maurice de Talleyrand connaissait bien l'histoire de sa famille. Son nom, il ne le trouvait pas sans grandeur. Un jour, en mission à Varsovie, il dit à un diplomate étranger qui travaillait avec lui :

« Ne m'appelez plus *Votre Altesse*, mais simplement M. de Talleyrand. »

« Et sur ce mot d'*Altesse*, dit Sainte-Beuve, il lui arriva de dire : « Je suis moins, « et peut-être je suis plus » ; se reportant ainsi à l'orgueil premier de sa race ! »

Ce n'était pas tout à fait sur ce ton que son ami Mirabeau disait à tout propos, et hors de propos : « L'amiral Coligny qui, entre parenthèses, était mon cousin. »

M. de Talleyrand était autrement grand seigneur que Mirabeau.

Au mois de janvier 1791, élu membre du département de la Seine, où il siégea avec l'abbé Sieyès, Rœderer et le duc de La Rochefoucauld, il commença à prendre part à l'administration des affaires civiles. Le mois d'après, il se démit de l'épiscopat. Pendant quelque temps, il fut encore pour ses contemporains l'ancien évêque d'Autun, mais il les habitua insensiblement à lui redonner son nom patronymique qu'il allait mêler à tous les événements de l'histoire — et de quelle histoire! — pendant un demi-siècle.

NOTES

ET

ÉCLAIRCISSEMENTS

TABLEAU DE L'ÉPISCOPAT FRANÇAIS

D'après l'*Almanach royal* de 1790 *

* Les dates placées en regard des noms des évêques sont celles de la prise de possession de leurs sièges. Le dernier chiffre se rapporte au nombre des cures dans chaque diocèse.

CLERGÉ DE FRANCE

ARCHEVÊQUES ET ÉVÊQUES

Leur taxe en cour de Rome et leur revenu

1781. PARIS, Antoine-Éléonor-Léon le Clerc de Juigné, né à Paris le 2 novembre 1728, sacré évêque de Châlons-sur-Marne le 29 avril 1764; 4283 florins, 200 000 livres. 479 *cures*

1780. CHARTRES, Jean-Baptiste-Joseph de Lubersac, né à Limoges le 15 janvier 1740, sacré évêque de Tréguier le 6 août 1775; 4000 fl., 25 000 liv. 810

1779. MEAUX, Camille-Louis-Apollinaire de Polignac, né à Paris le 31 août 1745, sacré le 8 août 1779; 2000 fl., 22 000 liv. 231

1788. ORLÉANS, Louis-François-Alexandre de Jarente de Senas d'Orgeval, né au château de Soissons, diocèse de Vienne, le 1er juin 1746, sacré évêque d'Olba, en Cilicie, le 18 février 1781; 2000 fl., 50 000 liv. 265

1776. BLOIS, Alexandre-François-Amédée-Adon-Anne-Louis-Joseph de Lauzières-Thémines, né à Montpellier le 13 février 1743, sacré le 6 octobre 1776; 2533 fl., 24 000 liv. 200

1788. LYON, Yves-Alexandre de Marbeuf, comte de

Lyon, né dans le diocèse de Rennes en 1734, sacré évêque d'Autun le 12 juillet 1767; 3000 fl., 50000 liv. 706

1788. AUTUN, Charles-Maurice de Talleyrand-Périgord, né à Paris en 1754, sacré le 4 janvier 1789; 4080 fl., 22 000 liv. 610

1770. LANGRES, César-Guillaume de la Luzerne, né à Paris en 1738, sacré le 30 septembre 1770; 9000 fl., 52000 liv. 470

1763. MACON, Gabriel-François Moreau, né à Paris le 24 septembre 1721, sacré évêque de Vence le 29 avril 1759; 1000 fl., 24000 liv. 260

1781. CHALONS-SUR-SAONE, Jean-Baptiste du Chilleau, né au château de la Charrière, diocèse de Saintes, le 7 octobre 1735, sacré le 30 décembre 1781; 700 fl., 14000 liv. 212

— Joseph-François Dandigné de la Chasse, sacré évêque de Saint-Pol-de-Léon le 21 août 1763, nommé à l'évêché de Châlons en 1772, a donné sa démission en 1781.

1787. DIJON, René Desmoutiers de Mérinville, né dans le diocèse de Limoges en 1742, sacré le 13 mai 1787; 1233 fl., 40000 liv. 156

— Jean-Denis de Vienne, né à Saint-Germain-en-Laye le 16 janvier 1739, sacré évêque de Sarept le 14 janvier 1776, suffragant de Lyon.

1759. ROUEN. Dominique de La Rochefoucauld, né dans le diocèse de Mende en 1713, sacré archevêque d'Alby le 29 juin 1747, cardinal en 1778; 12000 fl., 100000 liv. 1388

1776. BAYEUX, Joseph-Dominique de Cheylus, né à Avignon en 1717, sacré évêque de Tréguier le

2 avril 1762, nomme à Cahors en 1766; 4433 fl., 90 000 liv. 617

1774. Avranches, Pierre-Augustin Godard de Belbeuf, né en 1730, sacré le 15 mai 1774; 2500 fl., 20 000 liv. 177

1773. Évreux, François de Narbonne-Lara, né au château d'Aubiac, diocèse de Condom en 1720, sacré évêque de Gap le 25 mars 1764; 2500 fl. 30 000 liv. 550

— Louis-Albert de Lezay-Marnesia, sacré évêque d'Évreux le 6 novembre 1759, a donné sa démission en 1773.

1775. Séez, Jean-Baptiste du Plessis d'Argentré, né au château du Plessis, diocèse de Rennes, le 1er novembre 1720, sacré évêque de Tagaste le 20 mars 1774 ; 3000 fl., 16 000 liv. 497

1783. Lizieux, Jules Ferron de la Ferronaye, né au château de Saint-Mars-les-Ancenis, diocèse de Nantes en 1735, sacré évêque de Saint-Brieuc le 8 avril 1770, nommé à l'évêché de Bayonne en 1774; 4000 fl., 50 000 liv. 48

1764. Coutances, Ange-François de Talaru de Chalmazel, né au château de Chaussin en Bourbonnois le 14 mai 1725, sacré le 10 mars 1765; 2500 fl. 44 000 liv. 493

1788. Sens, Étienne-Charles de Loménie de Brienne, né à Paris en 1727, sacré évêque de Condom en 1761, à Toulouse en 1763, cardinal en 1789; 6166 fl., 70 000 liv. 774

1788. Pierre-François-Marcel de Loménie, né à ..... le 18 juillet 1763, sacré éveque le ..... Coadjuteur.

1761. Troyes, Claude-Mathias-Joseph de Barral, né à

Grenoble le 6 septembre 1714, sacré le 29 mars 1761; 25 000 fl., 14 000 liv. 380

1788. Louis-Mathias de Barral, né à Grenoble le 26 avril 1746, sacré évêque le 5 octobre 1788. Coadjuteur.

1761. Auxerre, Jean-Baptiste-Marie Champion de Cicé, né à Rennes le 10 février 1725, sacré à Rome par le pape Clément XIII le 3 septembre 1758; 4400 fl., 50 000 liv. 217

1789. Nevers, Louis-Jérôme de Suffren-Saint-Tropès, né dans le diocèse d'Arles en 1722, sacré évêque de Sisteron en 1764; 2150 fl., 20 000 liv. 271

1777. Bethléem, François-Camille de Duranti de Lironcourt, né à Paris le 9 octobre 1733, sacré le 26 avril 1778; 33 fl., 1000 liv.
* à Clamecy en Nivernois.

1777. Reims, Alexandre-Angélique de Talleyrand-Périgord, né à Paris en 1736, sacré archevêque de Trajanople, le 28 décembre 1766; 4750 fl., 50 000 l. 517

1764. Soissons, Henry-Joseph-Claude de Bourdeilles, né dans le diocèse de Saintes, le 7 décembre 1720, sacré évêque de Tulle le 12 décembre 1762; 2400 fl., 15 000 liv. 401

1782. Chalons-sur-Marne, Anne-Antoine-Jules de Clermont-Tonnerre, né à Paris le 1er janvier 1749; sacré le 14 avril 1782; 4000 fl., 27 000 liv. 300

1778. Laon, Louis-Hector-Honoré-Maxime de Sabran, né dans le diocèse de Riez le 4 décembre 1739, nommé à l'évêché de Nancy en 1774, sacré le 26 avril 1778; 4000 fl., 30 000 liv. 350

1776. Charles-Bernard Collin de Contrisson, du

diocèse de Toul, né le 3 août 1722, sacré évêque des Thermopyles le 2 avril 1775 : Suffragant de Laon.

1754. SENLIS, Jean-Armand de Roquelaure, né à Roquelaure diocèse de Rhodez en 1721, sacré le 16 juin 1754 ; 1254 fl., 18 000 liv. 74

1772. BEAUVAIS, François-Joseph de La Rochefoucauld, né à Angoulême en 1735 ; sacré le 22 juin 1772 ; 4600 fl., 96 000 liv. 399

1774. AMIENS, Louis-Charles de Machault, né à Paris le 29 décembre 1737, sacré évêque d'Europée le 15 mars 1772 ; 4900 fl., 30 000 liv. 800

1777. NOYON, Louis-André de Grimaldi, né au château de Cagne, diocèse de Vence, le 17 décembre 1736, sacré évêque du Mans le 5 juillet 1767 ; 3000 fl., 37 000 liv. 333

1789. BOULOGNE, Jean-René Asseline, né ..... sacré le ..... ; 1500 fl., 20 000 liv. 279

1775. TOURS, François de Conzié, né en Bresse, diocèse de Lyon, le 18 mars 1736, sacré évêque de Saint-Omer le 17 septembre 1769 ; 9500 fl. 82 000 liv. 310

1777. LE MANS, François-Gaspard de Jouffroy de Goussans, né au château de Goussans, diocèse de Besançon le 15 août 1723, sacré évêque de Gap le 20 mars 1774 ; 2216 fl., 30 000 liv. 137

1782. ANGERS, Michel-François Couet du Vivier de Lorry, né à Metz en 1728, sacré évêque de Vence le 1er mai 1764, à Tarbes en 1769 ; 1700 fl., 25 000 liv. 470

1769. RENNES, François Bareau de Girac, né à Angoulême en 1732, sacré évêque de Saint-Brieuc, le 31 août 1766 ; 1000 fl., 32 000 liv. 221

1783. Nantes, Charles-Eutrope de la Laurencie, né au château de Villeneuve-la-Comtesse, diocèse de Saintes, le 30 avril 1740, sacré le 20 décembre 1783; 2000 fl., 44 000 liv. 240

1773. Quimper-Corentin, ou Cornouailles, Toussaint François-Joseph Couen de Saint-Luc, né à Rennes le 17 juillet 1724, sacré le 29 août 1773; 1000 fl., 15 000 liv. 173

1775. Vannes, Sébastien-Michel Amelot, né à Angers le 5 septembre 1741; sacré le 23 avril 1775; 350 fl., 39 000 liv. 160

1772. Saint-Pol-de-Léon, Jean-François de la Marche né au diocèse de Quimper en 1729, sacré le 7 septembre 1772; 800 fl., 15 000 liv. 87

1780. Tréguier, Augustin-René-Louis le Mintier, né dans le diocèse de Saint-Malo, le 28 décembre 1729, sacré le 30 avril 1780; 460 fl., 20 000 liv. 104

1774. Saint-Brieuc, Hugues-François de Regnauld-Bellescize, né en 1732 au château de Belcise, diocèse de Lyon, sacré le 25 juin 1775; 800 fl., 12 000 liv. 114

1786. Saint-Malo, Gabriel Cortois de Pressigny, né à Dijon le 11 décembre 1745, sacré le 15 janvier 1786; 1000 fl., 35 000 liv. 161

1767. Dol, Urbain-René de Hercé, né à Mayenne le 6 février 1726, sacré le 5 juillet 1767; 4000 fl., 20 000 liv. 90

1787. Bourges, Jean-Auguste de Chastenet de Puységur, né au diocèse d'Alby le 11 novembre 1720; sacré évêque de Saint-Omer le 29 juin 1755, à Carcassonne en 1778; 4033 fl., 50 000 liv. 792

1776. Clermont, François de Bonal, né au château

de Bonal, diocèse d'Agen le 9 mai 1734, sacré le 6 octobre 1776; 4550 fl., 15000 liv. 800

1758. LIMOGES, Louis-Charles du Plessis d'Argentré, né au château du Plessis, diocèse de Rennes, en 1723, sacré dans la chapelle du Roi le 14 janvier 1759; 1600 fl., 20000 liv. Cures 868

1774. LE-PUY-EN-VELAY, Marie-Joseph de Galard de Teraube, né dans le diocèse de Lectoure le 20 mai 1736, sacré le 24 juillet 1774; 2650 fl., 35000 liv. 133

1764. TULLE, Charles-Joseph-Marius de Baselis de Saint-Sauveur, né dans le diocèse d'Orange en 1725, sacré le 27 janvier 1765; 1400 fl., 15000 liv. 52

1780. SAINT-FLOUR, Claude-Marie-Russo des Comtes de Laric, né à Grenoble le 16 novembre 1746, sacré le 23 janvier 1780; 900 fl., 12 000 liv. 300

1764. ALBY, François-Joachim de Pierre de Bernis, comte de Lyon, né au château de Saint-Marcel, diocèse de Viviers, le 22 mai 1715, sacré le 3 août 1764, cardinal en 1750; 2000 fl., 120 000 liv. 213

1784. François de Pierre de Bernis, né le 29 novembre 1752, archevêque de Damas. Coadjuteur.

1781. RODEZ, Seignelay Colbert de Gast le Hill, né en 1736, sacré le 22 avril 1781; 2326 fl., 50000 liv. 465

1773. CASTRES, Jean-Marc de Royère, né au château de Budesol en Périgord, le 1er octobre 1727, sacré évêque de Tréguier, le 26 avril 1767; 2500 fl., 50000 liv. 104

1776. CAHORS, Louis-Marie de Nicolay, né à Montpellier en février 1729, sacré le 9 mars 1777; 1000 fl., 60 000 liv. 587

1764. VABRES, Jean de la Croix de Castries, né dans le diocèse d'Uzès en 1717, sacré le 9 septembre 1764; 1000 fl., 21 000 liv. 130

1767. MENDE, Jean-Arnaud de Castellane, né au Pont-Saint-Esprit, le 11 décembre 1733, sacré dans la chapelle du Roi le 14 février 1768; 3500 fl., 40 000 liv. 200

1781. BORDEAUX, Jérôme-Marie-Champion de Cicé, né à Rennes en 1735, sacré évêque de Rodez, le 26 août 1770; 4000 fl., 55 000 liv. 381

1767. AGEN, Jean-Louis Dusson de Bonnac, né à Paris en 1734, sacré le 14 février 1768; 2440 fl., 50 000 liv. 388

1784. ANGOULÊME, Philippe-François d'Albignac de Castelnau, né au château de Trioda, diocèse de Mende, le 20 août 1742, sacré le 18 juillet 1784: 1000 fl., 20 000 liv. 206

1782. SAINTES, Pierre-Louis de Larochefoucauld-Bayers, né dans le diocèse de Périgueux le 13 octobre 1744; sacré le 6 janvier 1782; 2000 fl., 20 000 liv. 291

1759. POITIERS, Martial-Louis de Beaupoil de Saint-Aulaire, né dans le diocèse de Limoges en 1720, sacré le 13 mai 1759; 2800 fl., 30 000 liv. 725

1773. PÉRIGUEUX, Emmanuel-Louis de Grossoles de Flamarens, né dans le diocèse d'Angers en 1735, sacré évêque de Quimper-Corentin le 18 janvier 1772; 2590 fl., 24 000 liv. 440

1763. CONDOM, Alexandre-César d'Auteroche, né dans le diocèse de Saint-Flour en 1721, sacré le 5 juin 1763; 2500 fl., 70 000 liv. 151

1777. SARLAT, Joseph-Anne-Luc de Ponte d'Albaret, né à Perpignan, le 18 octobre 1736, sacré le 4 janvier 1778; 742 fl., 30 000 liv. 236

1789. LA ROCHELLE, de Goucy, né sacré le ; 2000 fl., 64000 liv. 321

1775. LUÇON, Marie-Charles-Isidore de Mercy, né au château de Maubec, diocèse de Vienne, le 3 février 1736, sacré le 18 février 1776; 1000 fl., 35 000 liv. 236

1783. AUCH, Louis-Apollinaire de la Tour-du-Pin-Montauban, né à Paris, le 13 janvier 1744, sacré évêque de Nancy, le 25 juin 1778; 10 000 fl., 120 000 liv. 350

1771. ACQS ou DAX, Charles-Auguste Le Quien de La Neuville, né à Bordeaux, le 25 juillet 1728, sacré le 1er mars 1772; 500 fl., 24 000 liv. 196

1772. LECTOURE, Louis-Emmanuel de Cugnac, né dans le diocèse de Cahors, en 1729, sacré le 27 septembre 1772; 1600 fl., 18 000 liv. 78

1785. COMMINGES, Antoine-Eustache d'Osmond, né à Saint-Domingue, le 6 février 1754, sacré le 1er mai 1785; 4000 fl., 60 000 liv. 236

— Charles-Antoine-Gabriel d'Osmond de Medavy, sacré évêque de Commingnes en 1764, a donné sa démission en 1785.

1780. COUSERANS, Dominique de Lastic, né au diocèse de Mende, le 16 octobre 1742, sacré le 9 janvier 1780; 1000 fl., 24 000 liv. 63

1784. AIRE, Sébastien-Charles-Philibert Roger de Cahuzac de Caux, né au diocèse de Carcassonne, le 2 décembre 1745, nommé coadjuteur à l'évêché d'Aire, le 4 juin 1780, sacré évêque d'Assure, le 8 octobre suivant; 1200 fl., 30 000 liv. 132

1746. Bazas, Jean-Baptiste-Amédée de Grégoire de Saint-Sauveur, né dans le diocèse de Mende, le 24 juin 1709, sacré le 16 octobre 1746; 600 fl., 18 000 liv. 221

1782. Tarbes, François Gain de Montagnac, né au château de Montagnac en Limousin, le 6 janvier 1744, sacré le 20 octobre 1782; 1200 fl., 30 000 liv. 298

1782. Oleron, Jean-Baptiste-Auguste de Villoutreix né au château de Faye, diocèse de Limoges, le 3 novembre 1739, sacré le 17 août 1783, 600 fl., 13000 liv. 196

1763. Lescar, Marc-Antoine de Noé, né dans le diocèse de La Rochelle en 1724, sacré le 12 juin 1763; 1300 fl., 27 000 liv. 200

1783. Bayonne, Étienne-Joseph de Pané de Villevielle, né au château de Villevielle, diocèse de Nîmes, le 31 décembre 1739; sacré le 11 janvier 1784; 100 fl., 30000 liv. 74

1762. Narbonne, Arthur-Richard de Dillon, né à Saint-Germain-en-Laye en 1721, sacré évêque d'Évreux, le 8 octobre 1753, archevêque de Toulouse en 1758; 9000 fl., 160 000 liv. 242

1771. Béziers, Aimard-Claude de Nicolay, né à Paris, le 4 août 1738, sacré le 13 octobre 1771; 2008 fl., 54 000 liv. 130

1759. Agde, Charles-François-Siméon Vermandois Rouvroi de Sandricourt, né à Paris en 1728, sacré le 6 mai 1759; 15 000 fl., 40 000 liv. 125

1788. Carcassonne, François-Marie-Fortuné de Vintimille, né au diocèse de Marseille, le 6 janvier 1751, sacré le 12 octobre 1788; 6000 fl., 35 000 liv. 122

1784. NISMES, Pierre-Marie-Madeleine Cortois de Balore, né à Dijon, en 1738, sacré évêque d'Alais, le 30 juin 1776; 12 000 fl., 26 000 liv. 90

1774. MONTPELLIER, Joseph-François de Malide, né à Paris, le 12 juillet 1730, sacré évêque d'Avranches, le 31 août 1766; 4000 fl., 44 000 liv. 120

1750. LODÈVE, Jean-Félix-Henri de Fumel, né à Toulouse en 1717, sacré le 5 juillet 1750; 1060 fl., 29 000 liv. 58

1780. UZÈS, Henri-Benoît-Jules de Bethisy, né au château de Mézières en Picardie, le 28 juillet 1744, sacré le 16 janvier 1780; 1000 fl., 25 000 liv. 196

1769. SAINT-PONS-DE-TOMIÈRES, Louis-Henri de Bruyère de Chalabre, né au diocèse de Saint-Papoul en 1731, sacré le 22 avril 1770; 3450 fl., 35 000 liv. 45

1763. ALET, Charles de la Cropte de Chanterac, né dans le diocèse de Périgueux en 1723, sacré le 19 juin 1763; 1500 fl., 25 000 liv. 87

1774. ALAIS, Louis-François de Beausset, né à Pondichéry, le 14 décembre 1748, sacré le 18 juillet 1784; 500 fl., 16 000 liv. 86

1788. TOULOUSE, François de Fontanges, né dans le diocèse de Clermont, le 8 mars 1744, sacré évêque de Nancy, 17 août 1783, à Bourges en 1787, 5000 fl., 90 000 liv. 213

1783. MONTAUBAN, Anne-François-Victor Le Tonnelier-Breteuil, né à Paris en 1726, sacré le 24 février 1763; 2500 fl., 50 000 liv. 83

1768. MIREPOIX, François-Tristan de Cambon, né à Toulouse en 1716, sacré le 10 juillet 1768; 2500 fl., 30 000 liv. 28

1771. LAVAUR, Jean-Antoine de Castellane, né dans

le diocèse de Saint-Paul-Trois-Châteaux, le 18 mars 1732, sacré le 7 juillet 1771; 2500 fl., 64 000 liv. 67

1771. Rieux, Pierre-Joseph de Lastic, né dans le diocèse de Saint-Flour en 1727, sacré le 8 septembre 1771; 2500 fl., 45 000 liv. 104

1787. Lombez, Alexandre-Henri de Chauvigny de Blot, né dans le diocèse de Clermont, le 11 janvier 1751, sacré le 30 mars 1788; 2500 fl., 45 000 liv. 90

1784. Saint-Papoul, Jean-Baptiste-Marie de Maillé-la-Tour-Landry, né au château d'Entrame, diocèse du Mans, le 6 décembre 1743, sacré le 3 mars 1778, nommé à Gap en 1778; 2500 fl., 45 000 livr. 44

1787. Pamiers, Charles-Constant-César d'Agoult de Bonneval, né à Grenoble en 1749, sacré le 13 mai 1787; 15 000 fl., 25 000 liv. 100

1775. Arles, Jean-Marie Dulau, né au château de la Coste, diocèse de Périgueux, le 30 octobre 1738, sacré le 1er octobre 1775; 2000 fl., 42 000 liv. 51

1755. Marseille, Jean-Baptiste de Belloy, né dans le diocèse de Beauvais en 1709, sacré évêque de Glaudène, le 30 janvier 1752; 700 fl., 30 000 liv. 31

1743. Saint-Paul-Trois-Chateaux, Pierre-François-Xavier de Reboul de Lambert, né à Aix en 1704, sacré le 16 février 1744; 400 fl., 10 000 liv. 34

1786. Toulon, Elléou de Castellane Mazangues, né au château de Mazangues, le 11 juin 1746, sacré le 13 août 1786; 400 fl., 15 400 liv. 20

1770. Aix, Jean-de-Dieu-Raymond de Boisgelin, né

à Rennes, le 27 février 1732, sacré évêque de Lavaur, le 28 avril 1765; 2400 fl., 37 400 liv. 96

1778. APT, Laurent-Michel-Eon de Cely, né dans le diocèse de Bayeux, en septembre 1735, sacré le 10 janvier 1779; 250 fl., 9000 liv. 52

1772. RIEZ, François de Clugny, né au diocèse d'Autun en 1728, sacré le 21 juin 1772; 850 fl., 19 000 liv. 54

1766. FRÉJUS, Emmanuel-François de Bausset de Roquefort, né à Marseille, le 24 décembre 1731, sacré le 31 août 1766; 1000 fl., 28 000 liv. 70

1784. GAP, François-Henri de la Brone de Vareilles, né au château de Sommières en Poitou, 2 septembre 1734; sacré le 25 juillet 1784; 1400 fl., 11 000 liv. 222

1789. SISTERON, François de Bovet, né à Grenoble, le 21 mars 1747, sacré le 13 septembre 1789; 800 fl., 15 000 liv. 50

1789. VIENNE, d'Aviau Dubois de Sauzay né sacré le ; 1854 fl., 35 000 liv. 430

— Jean-Georges le Franc de Pompignan, sacré évêque du Puy-en-Velay, le 11 août 1743, a donné sa démission en 1789.

* Il a pour suffragants, hors du Royaume, les évêchés de Genève et de Saint-Jean-de-Maurienne.

1789. GRENOBLE. Henri-Charles Dulau d'Almans, né dans le diocèse de Périgueux le , sacré le 19 avril 1789; 1088 fl., 38 800 liv. 222

— Jean de Cairol de Madaillan, sacré évêque de Sarept, le 3 août 1761, nommé à l'évêché de Vence en 1769, à celui de Grenoble en 1771, a donné sa démission en 1779.

1778. VIVIERS, Charles la Font de Savines, né à Embrun, le 17 février 1742, sacré le 26 juillet 1778; 4400 fl., 20 000 liv. 223

— Joseph Rolin de Morel de Mons, sacré le 6 octobre 1748, a donné sa démission en 1778.

1787. VALENCE, Gabriel-Melchior de Messey, comte de Lyon, né au château de Bielle, diocèse de Langres, en 1748, sacré le 5 octobre 1788; 2389 fl., 14 000 liv. 205

1742, DIE, Gaspard-Alexis de Plan des Augiers, né à Digne, le 10 juillet 1709, sacré le 20 février 1742; 2126 fl., 15 000 liv. 210

1767. EMBRUN, Pierre-Louis de Leyssin, né à Adoste en Dauphiné en 1724, sacré le 5 juillet 1767; 24 000 fl., 22 000 liv. 98

1784. DIGNE, François de Mouchet de Villedieu, né au château de Villedieu, diocèse de Bourges, le 20 novembre 1731; sacré le 18 juillet 1784; 400 fl., 7000 liv. 32

1753. GRASSE, François d'Étienne de Saint-Jean-de-Prunières, né dans le diocèse de Gap en 1718, sacré le 20 mai 1753; 423 fl., 10000 liv. 23

1783. VENCE, Charles-François-Joseph Pisani de la Gaude, né à Aix, le 4 mars 1743, sacré le 8 février 1784; 200 fl., 7000 liv. 23

1771. GLANDÈVE, Henri-Hachette des Portes, né dans le diocèse de Reims en 1712, sacré évêque de Sidon, le 31 août 1755; 400 fl., 10 000 liv. 49

1788. SENEZ, Jean-Baptiste-Marie-Scipion de Roux de Bonneval, né à Aix en 1747, sacré le 8 février 1789: 300 fl., 10 700 liv. 33

— Jean-Baptiste-Charles-Marie de Beauvais, nommé en 1773, a donné sa démission en 1783.

Dans le nombre des diocèses du royaume, il y en a dix-neuf qui ne sont point réputés du clergé de France; ils n'ont aucune part au gouvernement temporel du clergé de France; mais ils font chacun séparément, ou bien conjointement avec les états de leur province, leur don gratuit : ces diocèses sont :

1785. SAINT-CLAUDE, suffragant de Lyon, Jean-Baptiste de Chabot, né en Poitou, le 21 février 1740, sacré le 2 août 1785; 1500 fl., 27 000 liv. 87

1760 METZ, Louis-Joseph de Montmorency-Laval, né à Bayers, diocèse d'Angoulême en 1724, sacré évêque d'Orléans le 10 février 1754, nommé à l'évêché de Condom en 1757, cardinal en 1789; 6000 fl., 120 000 liv. 623

1773. TOUL, Étienne-François-Xavier des Michels de Champorcin, né dans le diocèse de Digne, en 1721, sacré évêque de Senez le 17 juin 1771; 2500 fl., 37 000 liv. 764

1770. VERDUN, Henri-Louis-René Desnos, né dans le diocèse du Mans en 1716, sacré évêque de Rennes le 16 août 1761; 4466 fl., 74 500 liv. 300

1777. SAINT-DIEZ, Barthélemi-Louis-Martin de Chaumont de la Galaisière, né à Paris le 24 août 1737, sacré évêque de Saint-Diez, le 21 septembre 1777; 142 fl., 1/3, 50 000 liv. 128

1787. NANCY, Anne-Louis-Henri de la Fare, né dans le diocèse de Luçon, le 8 septembre 1752, sacré le .....; 41 fl. 1/3, 50 000 liv. 162

1788. PERPIGNAN, suffragant de Narbonne, Antoine-Félix de Leyris Despouchez, né à Alais en Languedoc, le 21 décembre 1750, sacré le ..... ; 1500 fl., 18 000 liv. 180

1774. ORANGE, suffragant d'Arles, Guillaume-Louis du Tillet, né au château de Mont-Ramé en Brie, le 21 février 1730, sacré le 17 juillet 1774; 408 fl., 18 000 liv. 20

1775. AVIGNON, Jean-Charles-Vincent Giovio, né à Pérouse le 5 avril 1729, sacré le 8 octobre 1775; 2200 fl., 56 000 liv. 55

1776. CARPENTRAS, Joseph de Beni, né à Gubbio le 18 février 1729, sacré le 16 septembre 1776; ..... fl., 42 000 liv. 30

1761. CAVAILLON, Louis-Joseph Crispin des Achards de la Baume, né à Avignon le 25 août 1721, sacré le 16 février 1761; ..... fl., 15 000 liv. Cures. 17

1758. VAISON, Charles-François de Pelissier de Saint-Ferriol, né dans le diocèse de Saint-Paul-Trois-Châteaux, en 1709; sacré le 27 décembre 1758; ..... fl., 15 000 liv. 40

— Étienne-André-François de Paule de Sallet de Beaumont, né à Avignon le 1er avril 1750, sacré à Frescati évêque de Sébastopolis, le 23 décembre 1782, Coadjuteur.

1774. BESANÇON, Raymond de Durfort, né au château de la Roque, diocèse de Cahors, le 10 août 1725, sacré évêque d'Avranches, le 8 septembre 1764, nommé évêque de Montpellier en 1766; 1023 fl., 36 000 liv. 812

— Claude-Ignace de Franchet de Rau, né à Besançon en 1722, sacré évêque de Rosy en Syrie, le 23 mai 1756, suffragant de Besançon.

1751. BELLEY en Bugey, Gabriel Cortois de Quincey, né à Dijon en 1714, sacré le 22 août 1751; 569 fl., 24 000 liv., suffragant de Besançon. 83

Besançon a encore deux autres suffragants,

mais hors du Royaume, qui sont Basle et Lauzanne.

1781. CAMBRAI, Ferdinand-Maximilien-Mériadec de Rohan-Guéméné, né à Paris le 7 novembre 1738, sacré archevêque de Bordeaux, le 8 avril 1770-6000 fl., 200 000 liv. 610

1760. Albert-Simon Daigneville de Millancourt, né à Cambrai en 1706, sacré évêque d'Amycles, le 23 novembre 1760, suffragant de Cambrai.

1769. ARRAS, Louis-François-Marc-Hilaire de Conzié, né à Bresse, diocèse de Lyon, le 13 mars 1732, sacré évêque de Saint-Omer le 11 mai 1766; 4000 fl., 80 000 liv. 403

1774. SAINT-OMER, Alexandre-Joseph-Marie-Alexis de Bruyère de Chalabre, né à Castelnaudary en 1736, sacré le 9 août 1778; 1000 fl., 50 000 liv. 112

Cambrai a encore deux autres suffragants mais hors du Royaume, qui sont Tournay et Namur.

1779. STRASBOURG, Prince Louis-René-Édouard de Rohan Guéméné, né à Paris le 25 septembre 1734, sacré évêque de Canople, vulgairement Bochir en Égypte, le 18 mai 1760, cardinal en juin 1778; 2500 fl., 400 000 liv.

1786. Jean-Jacques de Lantz, nommé évêque de Dora en 1786, sacré le ....., suffragant de Strasbourg.

SUFFRAGANTS DE L'ARCHEVÊCHÉ DE PISE EN TOSCANE

1759. AJACCIO, Benoît-André Doria, né à Rogliano diocèse de Mariana, le 20 novembre 1722, sacré évêque le 28 mai 1759; 500 fl., 12 000 liv. 63

1772. Sagone, François-Mathieu Guasco, né dans le diocèse de Mariana, le 21 novembre 1720, sacré évêque de Nebbio le 6 août 1770 : 66 fl. 2/3, 10 000 liv. 33

1770. Aleria, Jean-Joseph-Marie de Guernes, né à Chambon, diocèse de Limoges, le 23 mars 1725, sacré le 26 août 1770 300 fl., 18 000 liv. 59

SUFFRAGANTS DE L'ARCHEVÊCHÉ DE GÊNES

1788. Mariana et Accia réunis, Ignace-François de Joannis de Verclos, né dans le diocèse d'Avignon le 19 février 1733, sacré le ..... ; 87 fl.23, 15 000 l. 91

1776, Nebbio, Dominique-Marie de Santini, né à Bastia le 29 août 1727 ; sacré le 8 septembre 1776; 66 fl. 2/3, 4000 liv. 21

1776. Babylone, en Asie, Jean-Baptiste Dubourg-Miroudot, sacré le 21 juin 1776.

ÉVÊQUES *in partibus* SUFFRAGANTS DES ÉGLISES DE FRANCE

1756. Rosy, en Syrie, Claude-Ignace de Franchet de Ran, né à Besançon en 1722, sacré le 23 mai 1756, suffragant de Besançon.

1760. Amicles, Albert-Simon Daigneville de Millancourt, né à Cambrai en 1706, sacré évêque d'Amicles le 23 novembre 1760, suffragant de Cambrai.

1775. Thermopyles, Charles-Bernard-Collin de Contrisson, né dans le diocèse de Toul, le 3 août 1722, sacré évêque des Thermopyles le 2 avril 1775; suffragant de Laon.

1776. SAREPT, Jean-Denis de Vienne, né à Saint-Germain-en-Laye, le 16 janvier 1739, sacré évêque de Sarept le 14 janvier 1776, suffragant de Lyon.

1786. DORA, Jean-Jacques de Lantz, né à Schlestadt en Alsace le dernier février 1720, sacré évêque de Dora en Palestine le 14 mai 1786.

ÉVÊQUES *in partibus infidelium*

1775. TRICOMIE, Perreau.

1775. EUMÉNIE en Phrygie, le P. de la Roque.

...... EGÉE......

1778. CIDONIE, D. Taboureau.

17.... PERGAME, Grén de Saint-Marsault.

AGENTS GÉNÉRAUX DU CLERGÉ

1785. M. l'abbé de MONTESQUIOU, rue de Monsieur, faubourg Saint-Germain.

17... M.

RECEVEUR GÉNÉRAL DU CLERGÉ DE FRANCE

1786. M. de QUINSON, rue d'Artois, près le boulevard.

AVOCATS DU CLERGÉ, MESSIEURS :

LAGET-BARDELIN, rue de la Harpe, vis-à-vis celle des Cordeliers.

VULPIAN, rue de Touraine.

CAMUS, rve Guénégaud.

GAIGNANT, rue de la Harpe.

HERVÉ, rue Poupée.

AVOCATS AUX CONSEILS, MESSIEURS :

RIGAULT, rue Hautefeuille, au coin de celle des Deux-Portes.

Samson DUPERRON, rue des Deux-Portes-Saint-Sauveur.

SECRÉTAIRE ET GARDE DES ARCHIVES DU CLERGÉ

M. DUCHÊNE, rue de l'Éperon.

M. DESPREZ, Imprimeur du Roi et de Clergé, rue Saint-Jacques.

M. DIDOT, l'aîné, Imprimeur en survivance, rue Pavée-Saint-André.

M. ARMAND, huissier, à l'abbaye Saint-Germain-des-Prés.

M. BONIFAY, en survivance, rue Grange-Batelière.

M. HOUDELETTE, courrier du clergé, cour abbatiale de Saint-Germain-des-Prés, son fils en survivance.

M. CHOIZEAU, tapissier, rue Saint-Jacques, cour de la Vieille-Porte.

Il y a en France *dix-huit* archevêchés et *cent-dix-huit* évêchés, non compris l'île de Corse, auxquels le Roi nomme, ainsi qu'à un très grand nombre d'Abbayes et de Prieurés.

La feuille des Bénéfices se présente au Roi quand il vient à vaquer quelques Bénéfices. Sa Majesté a choisi M. l'ancien archevêque de Vienne, et l'a chargé du détail depuis le 4 août 1789.

M. l'abbé VERDOLLIN, *secrétaire*, à l'abbaye Saint-Germain-des-Prés.

Il y a dans ce royaume deux cent-cinquante Commanderies de l'Ordre de Saint-Jean-de-Jérusalem, dit *de Malte*, et autrefois *de Rhodes ;* savoir deux cents pour les Chevaliers et cinquante tant pour les Chapelains que pour les Servants d'armes. Dans le nombre des Commanderies de Chevaliers sont compris six Grands Prieurés et quatre Bailliages, dignités affectées aux Grand-Croix.

DÉCLARATION DU ROI

QUI RENOUVELLE LES DÉFENSES AUX CURÉS DU ROYAUME DE S'ASSEMBLER SANS PERMISSION.

Donnée à Versailles le neuf mars mil sept cent quatre-vingt-deux. Registrée en Parlement le douze mars mil sept cent quatre-vingt-deux.

Louis, par la grâce de Dieu, roi de France et de Navarre, à tous ceux qui ces présentes lettres verront, Salut. Nous avons été informé que les curés à portion congrue des diocèses de Provence et du Dauphiné se sont assemblés, qu'ils ont pris dans leurs assemblées des délibérations communes, qu'ils ont nommé des syndics et des députés pour en suivre l'exécution, et qu'ils se sont cru permis d'établir une espèce de contribution pour subvenir aux frais qui pourraient être faits par leurs députés, que même ceux du diocèse de Vienne ont fait imprimer des mémoires remplis d'expressions contraires au respect qu'ils doivent aux évêques, leurs supérieurs, desquels mémoires nous avons ordonné la suppression. C'est en cet état qu'après nous être fait représenter en notre conseil les ordonnances et règlements par lesquels il est défendu à tous ceux qui ne forment point corps ou communauté de s'assembler, sans en avoir obtenu notre permission, nous avons pensé qu'il serait de notre sagesse de prévenir de semblables abus, en renouvelant les dispositions des ordonnances et règlements anciennement donnés à ce sujet. A ces causes et autres à ce nous mouvant, de l'avis de notre conseil et de notre certaine science, pleine puissance et autorité royale, nous avons dit, déclaré et ordonné, et, par ces présentes signées de notre main, disons, déclarons et ordonnons, voulons et nous plaît que les anciennes ordonnances et règlements soient exécutés ; en conséquence faisons défenses aux curés des villes, bourgs et villages de notre royaume, pays, terres et seigneuries de notre obéissance, de former entre eux aucune assemblée, de prendre des délibérations communes, de nommer des syndics et députés pour suivre l'effet desdites délibérations, et de convenir d'aucune contribution, même volontaire, pour subvenir aux frais desdits syndics, députés, ou autres représentants (le tout sous les peines portées par lesdites ordonnances), sans avoir obtenu de nous une autorisation expresse; sans préjudice, toutefois, des assemblées syndicales et autres assemblées ordinaires dûment établies et autorisées par les règlements, statuts et usages de leurs diocèses respectifs, lesquels continueront d'avoir lieu, comme par le passé, sous l'autorité et inspection des ordinaires des lieux. *Si donnons en Mandement* à nos amés et féaux conseillers les gens tenant notre cour du parlement à Paris, que ces présentes, ils aient à enregistrer, et le contenu en icelles garder, observer et faire exécuter selon sa forme et teneur : *Car tel est Notre Plaisir:* en témoin de quoi nous avons fait mettre notre scel à cesdites présentes. Donné à Versailles le neuvième jour de mars, l'an de grâce mil sept cent quatre-vingt-deux, et de notre règne le huitième.

Signé : LOUIS.

Et plus bas :

Par le roi,

Signé : AMELOT.

Et scellée du grand sceau de cire jaune.

Registrée, ouï, et ce requérant le procureur général du roi, pour etre executée selon sa forme et teneur; et copies collationnées de ladite déclaration envoyées aux bailliages et sénéchaussées du ressort, pour y être lue, publiée et enregistrée : enjoint aux substituts du procureur général du roi esdits sièges d'y tenir la main, et d'en certifier la cour dans le mois suivant l'arrêt de ce jour. A Paris, en parlement, les grand'chambre et Tournelle assemblées, le douze mars mil sept cent quatre-vingt-deux.

Signé : DUFRANC.

Enregistrée au parlement de Rennes le 21 août 1782.

EXTRAIT

DU PROCÈS-VERBAL DE L'ASSEMBLÉE GÉNÉRALE EXTRAORDINAIRE DU CLERGÉ DE FRANCE

Tenue à Paris, au couvent des Grands-Augustins, en l'année mil sept cent quatre-vingt-huit.

Du mardi, 15 juillet 1788.

Monseigneur l'archevêque de Narbonne, Président.

Messeigneurs et messieurs les Commissaires pour le don gratuit et les moyens, ont pris le Bureau, et Mgr l'archevêque de Rheims, chef de la Commission, a dit :

Messeigneurs et Messieurs,

Le Roi a fait demander à l'Assemblée, pour subvenir aux besoins de l'État, un don-gratuit tel qu'il pouvait l'attendre du zèle qu'a toujours témoigné le premier ordre de son Royaume pour le bien de son service, et tel qu'il pouvait être accordé, d'après les considérations que mérite la situation actuelle des bénéficiers.

L'Assemblée, voulant donner à Sa Majesté une nouvelle preuve de son respect et de son attachement à sa Personne, a, par sa délibération du 2 de ce mois, accordé au Roi un don gratuit de la somme de dix-huit cent mille livres, payable en deux années.

L'Assemblée a ensuite chargé la Commission d'examiner quels étaient les moyens qui pouvaient être employés pour payer ce don-gratuit : deux seulement se sont présentés, l'Emprunt et l'Imposition.

La Commission s'est peu arrêtée au premier moyen ; elle n'a pas eu de peine à se convaincre qu'il était impraticable dans la circonstance actuelle.

Les emprunts faits par l'État ont l'air d'épargner les impôts ; ils paraissent soulager les peuples et leur ménager quelque repos ; mais ces apparences sont trompeuses, ce repos est perfide, et le réveil est affreux. Il est aujourd'hui bien reconnu que l'Emprunt n'est qu'un impôt déguisé. L'Emprunt, à moins que le Gouvernement ne soit infiniment réservé, invite par sa fausse opulence, à la prodigalité, amène ainsi les emprunts nouveaux, et finit par accumuler sur les contribuables une masse énorme d'impôts sous laquelle ils succombent. La nation, dans ce moment, n'en fait que trop la fatale épreuve.

Le Clergé, malgré la sagesse de son administration et la sévérité de son économie, malgré son attention à saisir toutes les occasions de diminuer les intérêts et d'augmenter les remboursements de capitaux, malgré toute sa vigilance et tous ses soins, n'a pu lui-même se mettre à l'abri d'une partie des maux qu'entraînent les emprunts. En adoptant ce moyen provoqué par le Gouvernement, vos impositions, vos dettes se sont accrues à un tel point, qu'elles vous mettent presque dans l'impossibilité de faire à l'État de nouveaux sacrifices et qu'elles vous privent au moins de la douce satisfaction de rendre vos sacrifices aussi efficaces, aussi utiles qu'ils pourraient l'être.

Ce n'est pas que ces dettes, nécessitées par les circonstances, ne soient bien légitimées par leur emploi ; elles doivent être inévitablement les suites des demandes exhorbitantes qui vous ont été faites, surtout depuis le milieu de ce siècle. Dans les trois années de 1745 à 1748, vos dons gratuits ont été de *quarante-deux millions*. De *quarante-huit millions* dans les cinq années de 1755 à 1760. De *quarante-deux millions* encore, dans les cinq années de 1770 à 1775. Tout récemment enfin, de 1780 à 1785, ils se sont élevés à plus de *cinquante millions*.

TABLE DES MATIÈRES

ACHEVÉ D'IMPRIMER

sur les presses de

A. LAHURE, IMPRIMEUR A PARIS

le 20 janvier 1883

POUR

ÉD. ROUVEYRE ET G. BLOND

LIBRAIRES-ÉDITEURS

A PARIS

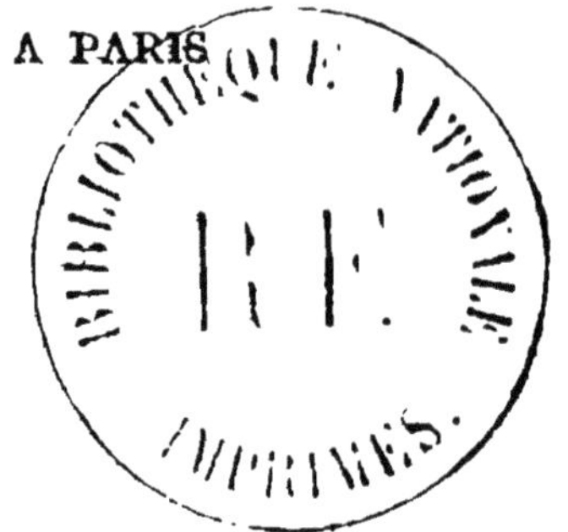

www.ingramcontent.com/pod-product-compliance
Ingram Content Group UK Ltd.
Pitfield, Milton Keynes, MK11 3LW, UK
UKHW020250250726
13967UKWH00004B/1585